VISAGES 3

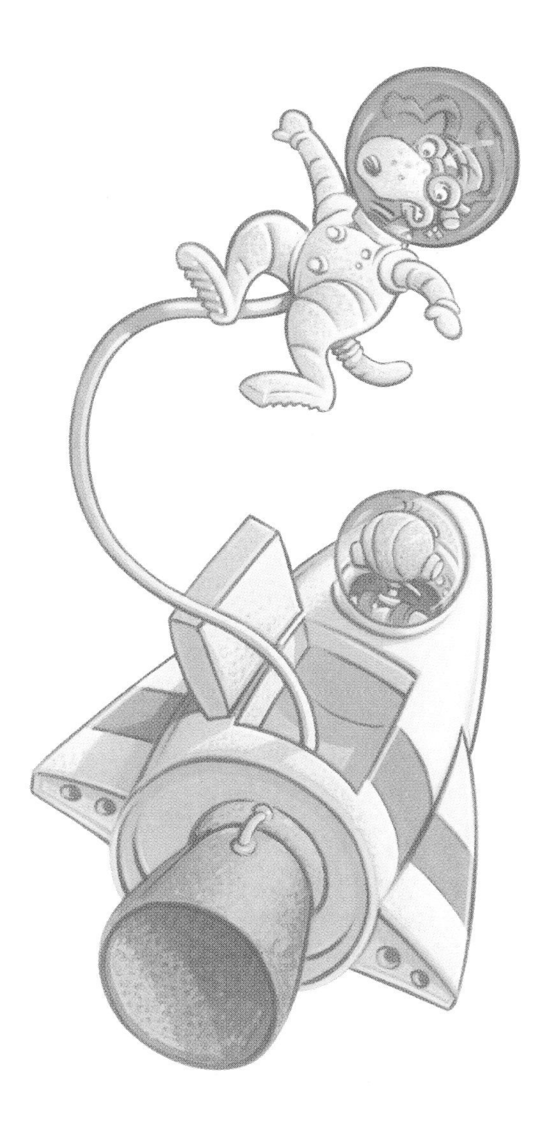

VISAGES

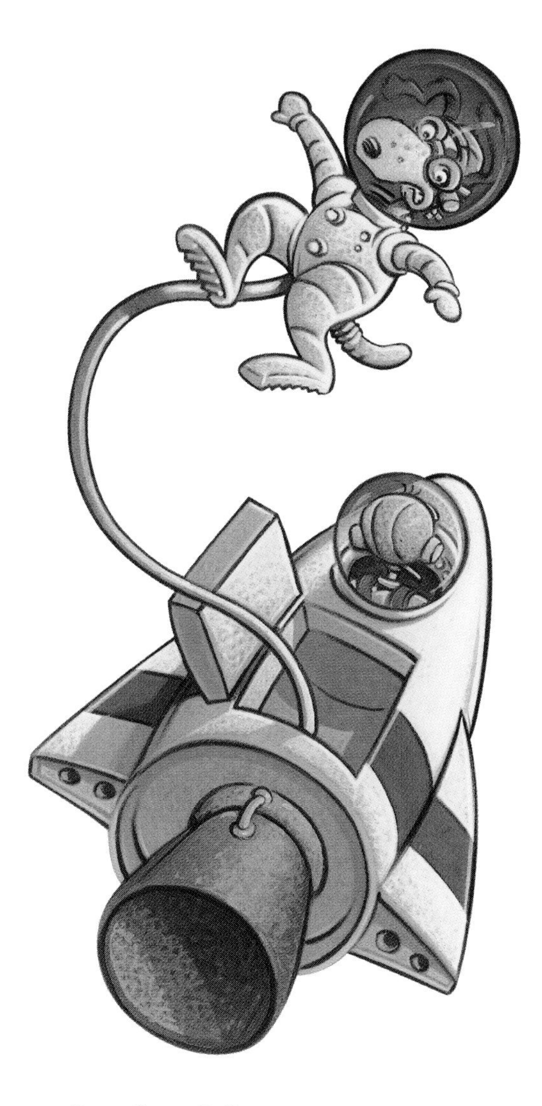

Judy Mas

CONSEILLER
G. Robert McConnell

Éditions Addison-Wesley

Don Mills, Ontario • Reading, Massachusetts
Menlo Park, Californie • New York • Wokingham, Angleterre
Amsterdam • Bonn • Sydney • Singapour • Tokyo • Madrid
San Juan • Paris • Milan • Séoul • Mexique • Taipei

CONCEPTION GRAPHIQUE :
Pronk&Associates

COUVERTURE :
Conception et photographie :
Pronk&Associates
Illustration : Kim LaFave

PRÉPARATION ÉLECTRONIQUE :
Pronk&Associates

ÉLABORATION DU PROGRAMME :
Chris Anderson, Caroline Kloss

CONSEILLÈRE À LA RÉDACTION :
Marie Turcotte

RÉDACTRICE :
Audrey Wearn

RÉVISION LINGUISTIQUE : Doreen Bédard

PRÉPOSÉES À LA RECHERCHE :
Nathalie Cippone, Diana Kaan,
Louise MacKenzie

Nous tenons à remercier tout particulièrement les enseignants et les consultants suivants pour leurs précieuses contributions à ce projet :

Debbie Anderson
Cobourg, Ontario

Marlene Bilkey
Peel, Ontario

Patricia Connolly
Halifax, Nouvelle-Écosse

Teresa Costanzo
Durham, Ontario

June Ditson
Surrey, Colombie-Britannique

Karen Edgar
London, Ontario

John Howitt
Windsor, Ontario

Jane Jonah
Riverview, Nouveau-Brunswick

Ron Lowe
Scarborough, Ontario

Barbara Saul
Windsor, Ontario

Sharon Tallon
Coburg, Ontario

Judy Persson Thomas
Calgary, Alberta

Un merci tout spécial aux enseignants et aux élèves de l'école catholique Immaculée Conception, de l'école catholique de Monseigneur Philip Coffey, de l'école catholique de Saint-Isaac Jogues et de l'école catholique de Sainte-Monique.

Les Éditions Addison-Wesley Limitée
Pearson Education Canada

ISBN 0-201-60687-9

Imprimé au Canada

Ce livre est imprimé sur du papier sans acide.

12 13 FR 07 06

Dans ce livre...

THÈME 1

Natalie arrive!

LES PASSAGERS DU VOL 611 EN PROVENANCE DE VANCOUVER SONT PRIÉS D'ALLER CHERCHER LEURS BAGAGES...
OH... BAGAGES...
BIENVENUE, NATALIE! JE SUIS MADAME TREMBLAY. ET VOICI TOUTE LA FAMILLE : MON MARI, BERNARD, MA FILLE, CLAIRE, ET MON FILS, MARC.
BONJOUR!
LAISSE-MOI PRENDRE TES BAGAGES.
TU AS FAIT UN BON VOYAGE?
Bienvenue, Natalie!
SALUT!
PARDON? JE NE COMPRENDS PAS. PLUS LENTEMENT, S'IL VOUS PLAÎT.
D'ACCORD... NOUS SOMMES SI CONTENTS! TU VAS RESTER AVEC NOUS PENDANT DEUX SEMAINES, N'EST-CE PAS?
RESTER?
C'EST-À-DIRE VIVRE OU HABITER.
OH!
NATALIE, TU VAS APPRENDRE BEAUCOUP DE FRANÇAIS CHEZ NOUS!
RENTRONS CHEZ NOUS!
BON! J'AIME LE FRANÇAIS!
LAVAL
MONTRÉAL
Granby
SHERBROOKE

En route pour la maison

Chez les Tremblay

TU VEUX DU LAIT, NATALIE?
OUI, MERCI!
Lait
DU PAIN, NATALIE?
OUI, MERCI!
AH, EXCUSE-MOI, NATALIE! TU AS BESOIN D'UNE FOURCHETTE.
JE NE COMPRENDS PAS. QUE VEUT DIRE *FOUR-CHETTE*?
ÇA, C'EST UNE FOURCHETTE.
ET VOILÀ UNE ASSIETTE.
UNE *ASSIETTE*? MAIS, C'EST UNE TOURTIÈRE!
NON, ÇA, C'EST UN *DÉSASTRE!!!*
OUI, UN *DÉSASTRE!*

Des stratégies pour apprendre le français

La compréhension

POUR BIEN COMPRENDRE...

► Il faut regarder.

► Il faut écouter.

Je ne comprends pas.

Parle lentement, s'il te plaît.

Répète, s'il te plaît.

?

Que veut dire...?

► Il faut demander de l'aide.

► Il faut poser des questions.

À l'école

VOILÀ MON ÉCOLE.
SALUT, CLAIRE!
SALUT, BENOÎT! SALUT, JOSÉE! JE VOUS PRÉSENTE MA NOUVELLE AMIE, NATALIE. ELLE EST ICI POUR APPRENDRE LE FRANÇAIS. ELLE HABITE À VANCOUVER.
SALUT, NATALIE.
SALUT, JOSÉE.
TU RESTES ICI POUR COMBIEN DE TEMPS?
PARDON? TU PEUX RÉPÉTER, S'IL TE PLAÎT? JE PARLE SEULEMENT UN PEU DE FRANÇAIS.
TU ES ICI POUR COMBIEN DE SEMAINES?
AH! DEUX... DEUX SEMAINES.
ALORS, NOUS POUVONS T'AIDER! VIENS AVEC NOUS DANS LA CLASSE DE MUSIQUE. NOUS PRÉPARONS UNE CHANSON FORMIDABLE. TU VAS APPRENDRE BEAUCOUP DE MOTS.
ET TU VAS T'AMUSER AUSSI!
BONJOUR, MME LECLERC. JE VOUS PRÉSENTE MON AMIE, NATALIE. ELLE EST ICI POUR APPRENDRE LE FRANÇAIS.
BONJOUR, NATALIE, ET BIENVENUE.
BONJOUR, MADAME.
ASSIEDS-TOI, NATALIE, ET ÉCOUTE BIEN CETTE CHANSON. TU PEUX RÉPÉTER LES MOTS, SI TU VEUX.

L'oiseau et le chien

un, un	Il y a un
on, on	bonbon,
an, an	sur la branche,
in, in	du sapin.
oi, oi	Un oiseau,
ou, ou	un oiseau rouge,
ri, ri	arrive.
ent, en	Il est tout content!
at, a	Du chocolat!
eau, o	dit l'oiseau.
aim, in	Que j'ai faim!
eux, eu	Et je veux bien
u, u	un peu de sucre.
ien, ien	Un chien,
ès, è	tout près de là,
au, o	a faim aussi.
it, i	Et il dit
à, a	à l'oiseau :
m-m-m	Mon très cher ami, bonjour!
ez, é	Vous chantez,
an, en	comme un ange.
on, on	Une chanson,
aît, ais	s'il vous plaît.
é, é	L'oiseau, très flatté,
ou, ou	ouvre son bec
er, é	pour chanter.
m-m-m	Mon très cher ami, merci!

Des stratégies pour apprendre le français

La prononciation

POUR BIEN PRONONCER...
▶Il faut écouter.
Bonjour!
Bonjour!
Bonjour!
Bonjour!
▶Il faut répéter.
répéter.

ARRÊT
AR RÊT
Ou
U
Ai
Eau
▶Il faut pratiquer les sons.
▶Il faut lire les syllabes.

Allons au centre-ville!

AGENCE DE VOYAGES ESTRIE
CHAUSSURES BON PIED
Salon de beauté
La Jardinière
JEUNESSE MODE
SOLDE
TU CHERCHES QUELQUE CHOSE DE SPÉCIAL, NATALIE?
OUI... JE CHERCHE UN SOUVENIR DU QUÉBEC... UN PULLOVER PEUT-ÊTRE.
ALORS, ALLONS À LA BOUTIQUE JEUNESSE MODE!

Au magasin...

EST-CE QUE JE PEUX VOUS AIDER?
OUI, JE CHERCHE UN PULLOVER.
VOILÀ UN BEAU PULLOVER, ET C'EST EN SOLDE CETTE SEMAINE.
QUE VEUT DIRE EN SOLDE?
ÇA VEUT DIRE QUE LE PRIX EST RÉDUIT. C'EST BON MARCHÉ!
MODE
25 % de rabais!
40$ 30$
SHERBROOKE
BON! ET C'EST MA COULEUR FAVORITE! C'EST PARFAIT!
SHERBROOKE
ARRÊTE ICI, CLAIRE! JE VEUX ACHETER UNE CARTE POSTALE POUR MA FAMILLE.
MODE
J'AI BESOIN DE...
TIMBRES?
OUI, *TIMBRES*... ET AUSSI QUELQUE CHOSE POUR MES CHEVAUX.
QUOI???
MES CHEVAUX!
TU VEUX DIRE *CHEVEUX*, NATALIE!
TES CHEVAUX, ILS ONT FAIM, NATALIE? ALORS, ALLONS PRENDRE DE LA POUTINE!

Des stratégies pour apprendre le français

La communication

POUR BIEN COMMUNIQUER...
Comment dit-on...?
Du gâteau.
Du gâteau.

Il faut apprendre du **vocabulaire.**

Il faut faire des **gestes.**

Parle lentement, s'il te plaît.

Il faut demander de l'aide.

Deux billets, s'il vous plaît.

BILLETS

Il faut prendre des risques.

Il faut avoir le sens de **l'humour.**

Tout le monde va au cinéma!

NATALIE, CE SOIR, TOUTE LA FAMILLE VA AU CINÉMA. EST-CE QUE TU PEUX NOUS TROUVER UN BON FILM DANS LE JOURNAL?
OUI, CELA T'AIDERA À PRATIQUER LA LECTURE. ET N'OUBLIE PAS : MARC VIENT AVEC NOUS. ALORS IL FAUT TROUVER UN BON FILM POUR MARC.

FANFAN LE LUTIN. ★★ LE FILM EST PASSABLE. QUE VEUT DIRE *LUTIN*?
lutin

FANFAN LE LUTIN
«Meilleur film animé!»
«Absolument charmant!»
G

La vengeance de Zacharie
«SENSATIONNEL!»
«Un thriller à ne pas manquer!»
16+
violence

Bertrand trouve un travail
«Magique!»
«Les enfants vont l'adorer!»
G

Le château mystérieux
«Un film rempli d'action!»
«Du suspense du début à la fin.»
13+

Le château mystérieux ★★★★
Un archéologue qui travaille dans un vieux château abandonné découvre des fantômes terrifiants! Les acteurs sont excellents! Un film à ne pas manquer!

Fanfan le lutin ★★
Fanfan ne veut plus sortir la nuit pour jouer des mauvais tours. Un bon matin, il décide de se faire des amis parmi les gens du voisinage. Manque d'intérêt.

La vengeance de Zacharie ★
Un homme que tout le monde croit mort revient dans son village pour se venger de ses ennemis. Intrigue plutôt faible. Pas aussi bon que le premier film de cette trilogie.

Bertrand trouve un travail ★★★
Un adolescent a des aventures en travaillant dans un cirque. Amusant et charmant. Recommandé pour toute la famille!

★★★★	**excellent**	★★	**passable**
★★★	**très bon**	★	**mauvais**

LE CHÂTEAU MYSTÉRIEUX.
★★★★ ÇA VEUT DIRE EXCELLENT.
QUE VEUT DIRE FANTÔME?
fantôme
13+
CE N'EST PAS POUR LES ENFANTS.
LA VENGEANCE DE ZACHARIE.
★ LE FILM EST MAUVAIS... ET C'EST VIOLENT.
BERTRAND TROUVE UN TRAVAIL.
★★★ LE FILM EST TRÈS BON... ET C'EST POUR TOUS.

ALORS, NATALIE, ON VA REGARDER QUEL FILM?
BERTRAND TROUVE UN TRAVAIL!
EXCELLENT. LE FILM COMMENCE À QUELLE HEURE?
À 19 HEURES.

Des stratégies pour apprendre le français
La lecture
POUR LIRE...
AGENCE DE VOYAGES ESTRIE
Il faut trouver
les mots importants.
Le Soleil
Il faut
regarder
les illustrations.
Il faut
consulter un dictionnaire.
un film
une aventure
un cirque
une famille
magique
mystérieux
Il faut trouver
des mots qui ressemblent
aux mots anglais.
Il faut
utiliser la logique.

À la prochaine!

SIX MOIS PLUS TARD...

Le temps des sucres

QUE VEUT DIRE UN *RÉSERVOIR*?
VIENS VOIR!
CABANE À SUCRE
OUVERT
VOICI LA CABANE À SUCRE. ET VOICI LE RÉSERVOIR. LA SÈVE COULE DU RÉSERVOIR DANS L'ÉVAPORATEUR.
JE NE COMPRENDS PAS. JE PEUX VOIR?
REGARDEZ! VOICI L'ÉVAPORATEUR. LA SÈVE COULE DU RÉSERVOIR DANS L'ÉVAPORATEUR. ON FAIT BOUILLIR LA SÈVE.
MMMM...
OUI, ÇA SENT BON!

POUR OBTENIR DU SIROP D'ÉRABLE, IL FAUT FAIRE BOUILLIR LA SÈVE PENDANT DES HEURES. POUR OBTENIR DU SUCRE D'ÉRABLE, IL FAUT FAIRE BOUILLIR LA SÈVE ENCORE PLUS LONGTEMPS.
CE SOIR, TOUS MES AMIS SONT INVITÉS. NOUS ALLONS FAIRE UNE PARTIE DE SUCRE.
UNE PARTIE DE SUCRE, QU'EST-CE QUE C'EST?
C'EST UNE FÊTE, UNE CÉLÉBRATION. ON CHANTE ET ON DANSE. MAIS MAINTENANT ON VA MANGER DE LA TIRE. ALLONS-Y!
VERSE DU SIROP SUR LA NEIGE, NATALIE. COMME ÇA. ATTENDS... ATTENDS ENCORE! MAINTENANT, GOÛTE! ÇA, C'EST DE LA TIRE.

Quels produits locaux sont célèbres dans ta région?
C'EST DÉLICIEUX!
À la partie de sucre

Pratiquez les stratégies!
Répète lentement, s'il te plaît.
Que veut dire...?
CENTRE-VILLE
RABAIS!
Journaux
Magazines
Romans
CAFÉ DU COIN
Poutine!
Frites!
Pizza!
50% de rabais
SOLDE
Tout est réduit!

50%
de rabais !
Tout est réduit!
AGENCE DE VOYAGES ESTRIE
CHAUSSURES
Salon de beauté
SOLDE
JEUNESSE MODE
Est-ce qu'on écoute?
Est-ce qu'on répète?
Est-ce qu'on parle lentement?
Est-ce qu'on pose des questions?
Est-ce qu'on demande de l'aide?
Est-ce qu'on fait des gestes?

THÈME 2
Pauvre Alphonse!
Le premier vol, Partie 1
1er
VENDREDI MATIN. L'ARRIVÉE À LA FOIRE.
SAMEDI MATIN. LE VOL D'ALPHONSE.
QUINZE MINUTES PLUS TARD.
JE SUIS L'INSPECTRICE LAFLAMME. OÙ SONT LES TÉMOINS? QUI PEUT DÉCRIRE LE VOLEUR?
MOI! MOI! MOI!
DÉCRIVEZ LE VOLEUR, S'IL VOUS PLAÎT.
IL A ENVIRON 35 ANS. IL A LES CHEVEUX BRUNS ET COURTS.
QU'EST-CE QU'IL PORTE?
IL PORTE UN PANTALON BLEU... NON, ATTENDEZ... IL PORTE UN PANTALON NOIR. IL PORTE UN MANTEAU BLEU.
QUELLE SORTE DE MANTEAU?
PAS UN MANTEAU EXACTEMENT. UN... EUH... UN IMPERMÉABLE. C'EST ÇA! IL PORTE UN IMPERMÉABLE BLEU.
ET IL PORTE UN CHAPEAU... UN BÉRET ROUGE.
MERCI BEAUCOUP, MONSIEUR.

DÉCRIVEZ LE VOLEUR, S'IL VOUS PLAÎT.
EH BIEN, C'EST UN HOMME. IL A ENVIRON 25 ANS. IL EST PETIT ET MAIGRE. IL A LES CHEVEUX NOIRS ET COURTS. IL A AUSSI UNE MOUSTACHE NOIRE.

QU'EST-CE QU'IL PORTE?
IL PORTE DES LUNETTES DE SOLEIL, UN MANTEAU BLEU, DES JEANS ET UN T-SHIRT... VERT.

ET SES SOULIERS?
EUH... DES SOULIERS BRUNS.

PORTE-T-IL UN CHAPEAU?
AH, OUI! UNE CASQUETTE DE BASEBALL NOIRE.
MERCI BEAUCOUP, MADAME.

PEUX-TU DÉCRIRE LE VOLEUR?
C'EST UN HOMME. IL N'EST PAS SYMPA.
DE QUELLE COULEUR SONT SES CHEVEUX?
IL A LES CHEVEUX BRUNS ET LONGS.

IL EST TRÈS GRAND. IL EST TRÈS VIEUX.

QU'EST-CE QU'IL PORTE?
IL PORTE UNE CASQUETTE DE BASEBALL ROUGE ET DES LUNETTES DE SOLEIL... ET UN MANTEAU GRIS ET DES SOULIERS DE TENNIS BLANCS!
MERCI.

LE VOLEUR EST PARTI DANS QUELLE DIRECTION?
PAR LÀ!

Le premier vol, Partie 2

Café

BONJOUR, JE SUIS L'INSPECTRICE LAFLAMME. JE CHERCHE CET HOMME.
S P

UNE MOUSTACHE NOIRE?... DES LUNETTES DE SOLEIL?... LES CHEVEUX NOIRS ET COURTS?... LES CHEVEUX BRUNS ET LONGS?
S P

OH, LÀ LÀ! IL MANGE COMME UN COCHON, CE GARÇON.

COMME UN COCHON?

AH... UNE CASQUETTE ROUGE!
UN T-SHIRT VERT!
ALPHONSE!

AU VOLEUR!
ARRÊTEZ-LE!

LE VOLEUR A ENVIRON 25 ANS. IL EST GRAND. IL A LES CHEVEUX BRUNS ET COURTS. IL PORTE UN T-SHIRT VERT.

IL PORTE DES JEANS ET DES SOULIERS DE TENNIS BLANCS. ALPHONSE EST HABILLÉ EN PETIT GARÇON.

PAUVRE ALPHONSE!
LE CRIME NE PAIE PAS!

Qu'est-ce qu'on

porte?

Les vêtements

1. un chandail
2. un short
3. des lunettes
4. une casquette de baseball
5. une veste
6. une chemise
7. une cravate
8. des lunettes de soleil
9. un pantalon
10. des souliers
11. un pyjama
12. un chapeau de paille
13. des jeans
14. une robe
15. un imperméable
16. une blouse
17. un chapeau
18. un manteau
19. un foulard
20. un sac à main
21. des gants
22. un t-shirt
23. une ceinture
24. une jupe
25. des chaussettes
26. des sandales
27. des bottes
28. des talons hauts
29. des chaussures de sport
30. un sac à dos

Et toi, qu'est-ce que tu portes?

À la voleuse !

QUOI? QUELQU'UN A VOLÉ ALPHONSE ENCORE UNE FOIS? AVEZ-VOUS UNE DESCRIPTION DU VOLEUR?

C'EST UNE FEMME, CETTE FOIS. ELLE EST PETITE ET BLONDE.

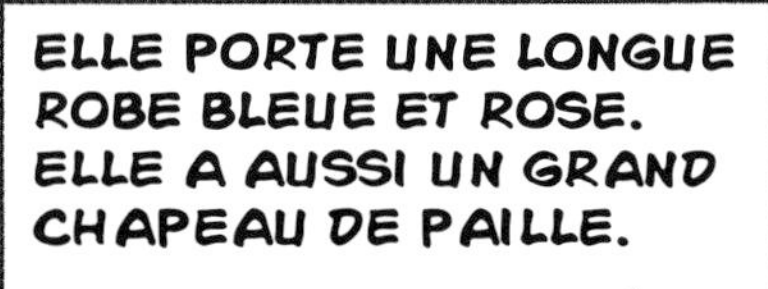
ELLE PORTE UNE LONGUE ROBE BLEUE ET ROSE. ELLE A AUSSI UN GRAND CHAPEAU DE PAILLE.

FAITES BIEN ATTENTION! ELLE EST PROBABLEMENT DÉGUISÉE.

BONJOUR, MADAME.
BONJOUR.

EXCUSEZ-MOI, MADAME.
MERCI.

AH, QUE TU ES JOLI!
JOLI PETIT BONNET... JOLIS PETITS YEUX... JOLIE PETITE QUEUE ROSE.

PETITE QUEUE ROSE?... ET UN GRAND CHAPEAU DE PAILLE? ... ELLE EST PROBABLEMENT DÉGUISÉE.

VOLEUSE! ARRÊTEZ-LA!

LA VOLEUSE EST JEUNE ET BLONDE. ELLE A LES CHEVEUX COURTS. ELLE PORTE UNE JUPE BLEUE ET UN PULL-OVER ROSE.

ELLE PORTE DES GANTS BLANCS ET DES SANDALES. ET UN FOULARD BLEU ET BLANC. LE PORCELET EST HABILLÉ EN BÉBÉ. IL EST DANS UNE POUSSETTE.

LE CRIME NE PAIE PAS!
POLICE

J'observe!

Regardez le verbe *avoir*. Comment est-ce qu'on forme ce verbe?

J'**ai** les cheveux bruns.
Il **a** les cheveux noirs.
Il **a** les cheveux blonds.
Nous **avons** des chapeaux amusants!
Et toi, comment sont tes cheveux?

avoir

j'ai	nous avons
tu as	vous avez
il a	ils ont
elle a	elles ont

Au poste de police

JE M'APPELLE MICHEL DEMERS. JE SUIS ARTISTE POLICIER.

APRÈS UN CRIME, J'ÉCOUTE LES DESCRIPTIONS DES TÉMOINS. JE POSE DES QUESTIONS AUX TÉMOINS.

J'UTILISE UNE DESCRIPTION ORALE POUR FAIRE UN PORTRAIT DU SUSPECT OU DE LA SUSPECTE. CE N'EST PAS FACILE.

LE NEZ, PAR EXEMPLE. TOUT LE MONDE A UN NEZ. POUR FAIRE UN DESSIN PRÉCIS, IL FAUT AVOIR UNE DESCRIPTION EXACTE DU NEZ.

REGARDEZ! IL Y A DES GROS NEZ, DES PETITS NEZ, DES NEZ CROCHUS, DES NEZ POINTUS...

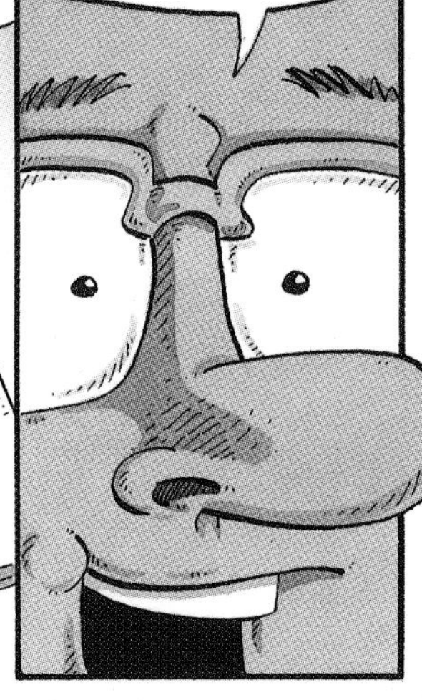

CE N'EST PAS FACILE, DÉCRIRE UN NEZ!

AUJOURD'HUI, JE FAIS MES DESSINS À L'AIDE D'UN ORDINATEUR.
IL Y A TOUTES SORTES DE NEZ, DE BOUCHES, D'YEUX ET DE VISAGES.
1. 2. 3.
4. 5. 6.

IL FAUT POSER DES QUESTIONS AUX TÉMOINS. JE MONTRE AUX TÉMOINS LES DESSINS SUR L'ÉCRAN.

***IL FAUT* POSER DES QUESTIONS = *IL EST NÉCESSAIRE* DE POSER DES QUESTIONS**

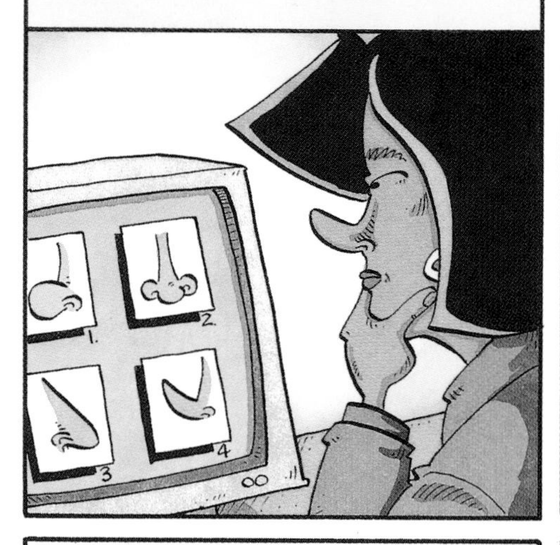
COMME ÇA, ILS PEUVENT VOIR LES FORMES. ILS PEUVENT DIRE : <<IL A LE NEZ NUMÉRO 4.>>
1.
2.
3
4

AVEC L'ORDINATEUR, C'EST BEAUCOUP PLUS FACILE. ET JE FAIS UN DESSIN BEAUCOUP PLUS PRÉCIS.

REGARDEZ! NOUS ALLONS FAIRE LE DESSIN D'UNE SUSPECTE IMAGINAIRE. LE VISAGE EST-IL OVALE, CARRÉ, ROND OU EN FORME DE COEUR?
1.
2.
3.
4.

NOTRE SUSPECTE IMAGINAIRE A... VOYONS... ELLE A LE VISAGE CARRÉ.
2.

COMMENT SONT LES CHEVEUX? SONT-ILS LONGS OU COURTS, RAIDES, ONDULÉS, OU FRISÉS?

EST-CE QU'ILS SONT NOIRS, BRUNS, BLONDS, GRIS OU ROUX?

NOTRE SUSPECTE A LES CHEVEUX NOIRS, ASSEZ COURTS ET RAIDES.

ENSUITE, IL FAUT AJOUTER LE NEZ. NOTRE SUSPECTE IMAGINAIRE A UN PETIT NEZ POINTU.

ENSUITE, JE DEMANDE : <<COMMENT SONT LES YEUX?>> GRANDS, PETITS OU BRIDÉS?

NOTRE SUSPECTE A DES GRANDS YEUX.

FINALEMENT, JE DEMANDE : <<COMMENT EST LA BOUCHE? EST-ELLE GRANDE, PETITE, MINCE, RONDE? >>

NOTRE SUSPECTE A UNE PETITE BOUCHE MINCE.

ET VOILÀ NOTRE SUSPECTE IMAGINAIRE!

SIX HEURES PLUS TARD.

AIDEZ LA POLICE À TROUVER CES CRIMINELS DANGEREUX

LE MATIN SUIVANT.
AIDEZ LA POLICE À TROUVER CES CRIMINELS DANGEREUX

Regardez comment on utilise «tu» et «vous» en français.

En français, on dit «tu» à un enfant, à un animal ou à un adulte qu'on connaît bien. On dit «vous» à un adulte qu'on ne connaît pas bien. On dit «vous» à deux personnes ou à un groupe de personnes.

Trouvez les adjectifs!

Quels adjectifs sont placés après les noms?
Quels adjectifs sont placés avant les noms?

Ah non! Pas encore!

MADAME L'INSPECTRICE!
AU VOLEUR!
C'EST ALPHONSE ENCORE!
ALPHONSE, PORCELET CHAMPION

MAIS C'EST IMPOSSIBLE! EH BIEN, DÉCRIVEZ LE VOLEUR, S'IL VOUS PLAÎT.
IL EST PETIT. IL A LE VISAGE ROND. IL EST ROUX. IL A LES CHEVEUX COURTS ET FRISÉS. IL A UN PETIT NEZ ROND ET UNE GRANDE BOUCHE.

NON! IL A LE VISAGE CARRÉ. IL A LES CHEVEUX LONGS ET FRISÉS. IL A UN NEZ POINTU ET UNE GRANDE BOUCHE. ET IL A UNE BARBE ET UNE MOUSTACHE.

MAIS NON! IL EST GRAND. IL A LE VISAGE EN FORME DE CŒUR. IL A DE LONGS CHEVEUX BLONDS ET RAIDES. IL A UN PETIT NEZ POINTU ET UNE GRANDE BOUCHE.

OH LÀ LÀ! CELA N'AIDE PAS BEAUCOUP.
NON, MAIS TOUS LES TÉMOINS DISENT QUE L'HOMME A UNE GRANDE BOUCHE.

LA FOIRE FERME DANS UNE DEMI-HEURE. NOUS N'AVONS PAS BEAUCOUP DE TEMPS!

IL FAUT REGARDER DANS TOUTES LES AUTOS. TROUVEZ LE PORCELET!

1
2
3

NOUS CHERCHONS ALPHONSE, LE PORCELET CHAMPION. NOUS POUVONS REGARDER DANS VOTRE COFFRE?
BIEN SÛR!
2
GROUINK!

RIEN, MADAME L'INSPECTRICE.
2
ZKN-359

MERCI, MESSIEURS.
DE RIEN. BONNE CHANCE!

PAUVRE TYPE... IL A VRAIMENT UN NEZ DE COCHON.

NEZ DE COCHON? GRANDE BOUCHE?
AU VOLEUR! ARRÊTEZ-LE!

IL EST DANS UNE VOITURE VERTE, PLAQUE NUMÉRO ZKN 359.

LE SUSPECT A UNE TRÈS GRANDE BOUCHE ET UNE MOUSTACHE. IL PORTE DES LUNETTES ET UN CHAPEAU NOIR.

MERCI, MADAME, MERCI!
VOUS ÊTES FANTASTIQUE!
À L'AN PROCHAIN, MADAME! NOUS ALLONS REVENIR AVEC ALPHONSE... ET SES PETITS!

Une fête rurale en France

Dans quelques petits villages de France, il y a une fête chaque printemps. Les habitants fêtent le jour où les vaches montent dans les montagnes pour passer l'été. Tout le monde participe à la décoration des vaches. C'est un spectacle multicolore!

Qu’est-ce qu’on fête dans ta région?

Qui est la voleuse?

C'est un voleur ou une voleuse?

De quelle couleur sont ses cheveux?

Comment est-elle?

Est-ce qu'elle porte un chapeau?

Qui est le voleur?

Qu'est-ce qu'il porte?

C'est un voleur ou une voleuse?

Quelle sorte de souliers porte-t-il?

Comment est-il?

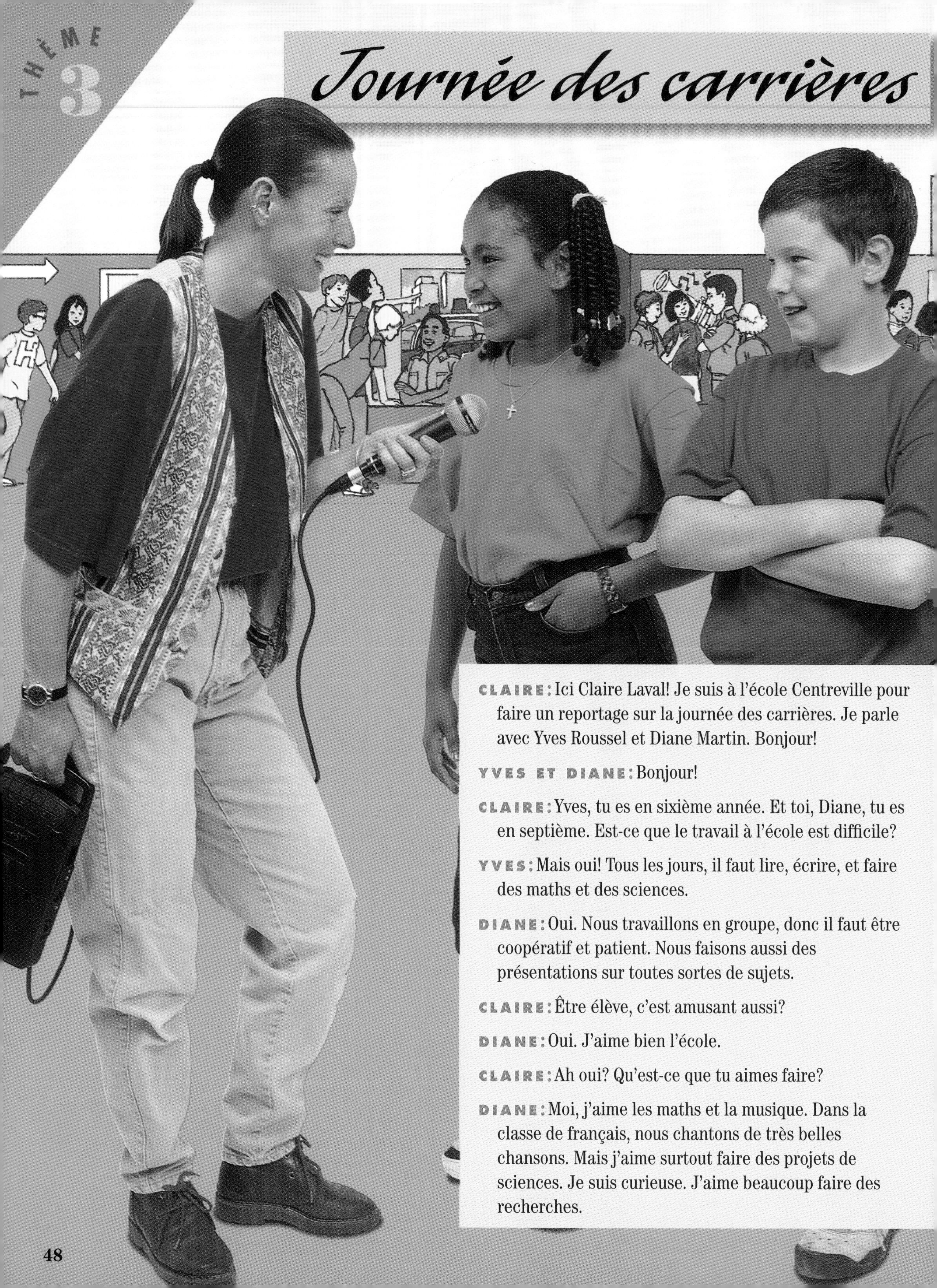

THÈME 3

Journée des carrières

CLAIRE: Ici Claire Laval! Je suis à l'école Centreville pour faire un reportage sur la journée des carrières. Je parle avec Yves Roussel et Diane Martin. Bonjour!

YVES ET DIANE: Bonjour!

CLAIRE: Yves, tu es en sixième année. Et toi, Diane, tu es en septième. Est-ce que le travail à l'école est difficile?

YVES: Mais oui! Tous les jours, il faut lire, écrire, et faire des maths et des sciences.

DIANE: Oui. Nous travaillons en groupe, donc il faut être coopératif et patient. Nous faisons aussi des présentations sur toutes sortes de sujets.

CLAIRE: Être élève, c'est amusant aussi?

DIANE: Oui. J'aime bien l'école.

CLAIRE: Ah oui? Qu'est-ce que tu aimes faire?

DIANE: Moi, j'aime les maths et la musique. Dans la classe de français, nous chantons de très belles chansons. Mais j'aime surtout faire des projets de sciences. Je suis curieuse. J'aime beaucoup faire des recherches.

YVES: Les projets de sciences de Diane sont formidables!

CLAIRE: Et toi, Yves, qu'est-ce que tu aimes faire?

YVES: J'aime lire et écrire des histoires. Je parle avec les autres et j'écoute les discussions de groupe. J'aime aussi faire des présentations. Et j'adore faire du sport!

DIANE: Yves écrit de très belles histoires. Il aime aussi faire le clown. Il amuse tout le monde.

CLAIRE: Tu fais le clown en classe?

YVES: Moi? Faire le clown? Jamais!

CLAIRE: Alors, c'est décidé? Qu'est-ce que vous allez choisir comme profession?

YVES: Je ne sais pas encore. Il y a beaucoup de professions intéressantes.

DIANE: On va voir plus tard!

Vingt ans plus tard...

1. Ce monsieur est journaliste. Il aime parler aux gens. Il est sociable.

2. Ce monsieur est entraîneur de hockey. Il aime travailler avec les enfants. Il est sportif.

3. Cette dame est musicienne. Elle aime jouer du violon. Elle est douée pour la musique.

4. Cette dame est architecte. Elle aime créer. Elle est créative.

5. Ce monsieur est infirmier. Il aime soigner les malades. Il est patient.

6. Cette dame est botaniste. Elle aime étudier les plantes. Elle est curieuse.

À chacun son travail

1. Julie est photographe. Elle photographie des élèves pour le magazine *Visages*.

2. Martin est professeur. Il aide ses élèves à préparer un travail.

3. Paula est biologiste. Elle analyse les effets de la pollution.

4. Omar est programmeur d'ordinateur. Il crée des jeux éducatifs.

5. Mei est productrice de cinéma. Elle aime produire de bons films.

6. Tony est pompier. Il travaille avec sa brigade.

7. André est artiste. Il dessine une illustration pour un magazine.

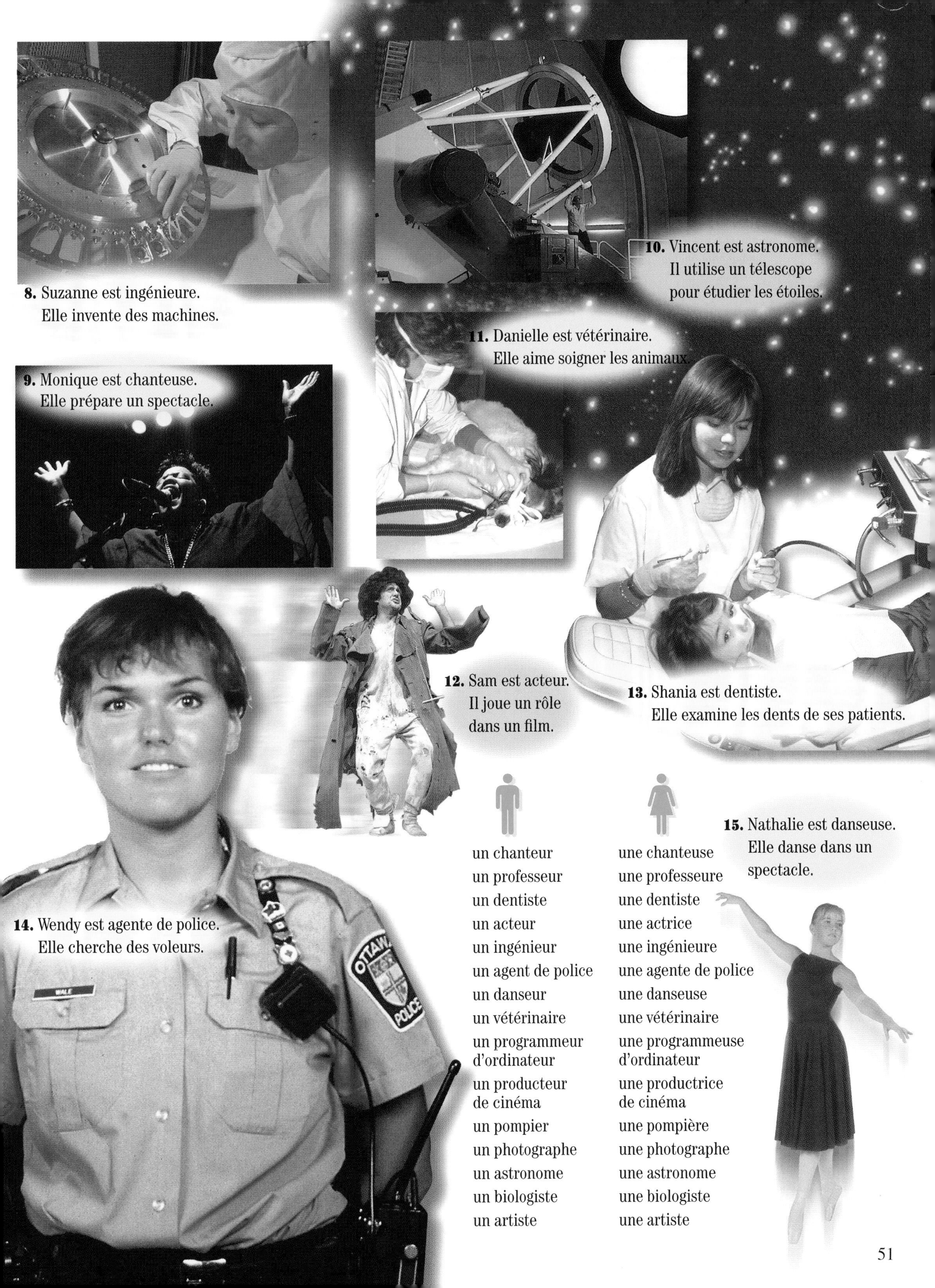

8. Suzanne est ingénieure.
Elle invente des machines.

9. Monique est chanteuse.
Elle prépare un spectacle.

10. Vincent est astronome.
Il utilise un télescope pour étudier les étoiles.

11. Danielle est vétérinaire.
Elle aime soigner les animaux.

12. Sam est acteur.
Il joue un rôle dans un film.

13. Shania est dentiste.
Elle examine les dents de ses patients.

14. Wendy est agente de police.
Elle cherche des voleurs.

15. Nathalie est danseuse.
Elle danse dans un spectacle.

♂	♀
un chanteur	une chanteuse
un professeur	une professeure
un dentiste	une dentiste
un acteur	une actrice
un ingénieur	une ingénieure
un agent de police	une agente de police
un danseur	une danseuse
un vétérinaire	une vétérinaire
un programmeur d'ordinateur	une programmeuse d'ordinateur
un producteur de cinéma	une productrice de cinéma
un pompier	une pompière
un photographe	une photographe
un astronome	une astronome
un biologiste	une biologiste
un artiste	une artiste

Regardez les verbes *danser*, *travailler*, *étudier*, *examiner*, *jouer*, *aider*, *chanter* et *créer*. Regardez comment les verbes changent. Est-ce qu'ils sont formés de la même façon?

Attention! Le verbe ***être*** n'est pas formé comme les autres.

jouer		**être**	
je joue	nous jou**ons**	je suis	nous sommes
tu jou**es**	vous jou**ez**	tu es	vous êtes
il joue	ils jou**ent**	il est	ils sont
elle joue	elles jou**ent**	elle est	elles sont

J'observe!

QU'EST-CE QUE VOUS AIMEZ FAIRE?

J'aime danser.

J'aime travailler en groupe.

Nous aimons créer des histoires sur l'ordinateur.

J'aime étudier les étoiles.

Nous aimons chanter.

J'aime examiner les insectes.

Nous aimons aider les gens.

Nous aimons jouer des rôles.

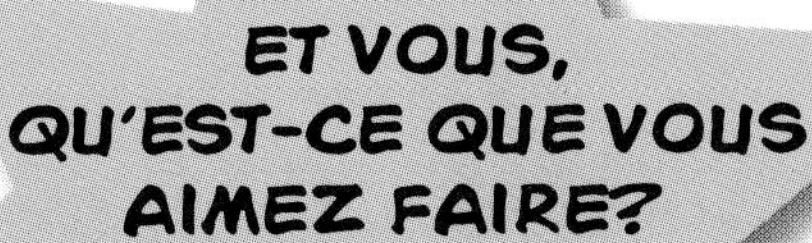
ET VOUS,
QU'EST-CE QUE VOUS AIMEZ FAIRE?

Qui es-tu?

Je suis curieuse!
J'étudie les plantes.
J'adore la nature.
J'aime observer et classifier.
Je suis créatif.
J'aime la musique.
Je chante.
J'aime jouer des rôles.
Je suis serviable.
J'aime aider les autres.
J'aime les enfants et les animaux.
Je suis sociable.
J'aime amuser les gens.
J'aime aussi travailler avec mes amis.
Je suis aventureuse.
J'adore voyager et j'aime
raconter des histoires.
Je suis coopératif.
J'aime les maths et les sciences.
J'aime les ordinateurs.
Je suis patient et sérieux.
J'aime les dinosaures.
J'aime étudier les civilisations
anciennes.
Je suis sportive.
J'aime les sports.
Je joue au baseball.

un garçon patient **une** fille patient**e** **des** garçons patient**s** **des** filles patient**es**

En général, comment est-ce que les adjectifs changent de forme?

un garçon calm**e** **une** fille calm**e** **des** garçons calm**es** **des** filles calm**es**

Comment est-ce que les adjectifs qui se terminent avec «e» changent de forme?

un garçon sporti**f** **une** fille sporti**ve** **des** garçons sporti**fs** **des** filles sporti**ves**

Comment est-ce que les adjectifs qui se terminent avec «f» changent de forme?

un garçon curi**eux** **une** fille curi**euse** **des** garçons curi**eux** **des** filles curi**euses**

Comment est-ce que les adjectifs qui se terminent avec «eux» changent de forme?

Qu'est-ce que les adjectifs décrivent?

les personnes
les animaux
les lieux
les choses

Parlons avec...

Josée Chouinard

Visages parle avec Josée Chouinard, célèbre patineuse canadienne.

VISAGES : Être patineuse, c'est une profession difficile?

JOSÉE : Oui. C'est très difficile. Mais c'est très amusant, aussi.

VISAGES : Qu'est-ce qu'il faut faire pour être championne?

JOSÉE : Il faut beaucoup pratiquer.

VISAGES : La discipline, c'est une qualité importante?

JOSÉE : Bien sûr. Les journées sont souvent très longues.

VISAGES : Êtes-vous créative?

JOSÉE : Ah oui! La créativité, c'est très important. Il faut planifier des spectacles intéressants.

VISAGES : Est-ce que vous aimez la musique?

JOSÉE : Ah oui! J'adore toutes sortes de musique.

VISAGES : Vous êtes bilingue, n'est-ce pas?

JOSÉE : Oui. Je voyage beaucoup et c'est très utile de parler deux langues.

VISAGES : Les compétitions sont difficiles?

JOSÉE : Bien sûr. Mais je patine pour moi et pour les spectateurs.

Il faut pratiquer! = ***Il est nécessaire de*** pratiquer!

Parlons avec...

Roch Carrier

Visages parle avec Roch Carrier, un des plus célèbres écrivains québécois.

VISAGES : Être écrivain, c'est une profession intéressante?

ROCH : C'est une profession passionnante. C'est comme être explorateur.

VISAGES : Qu'est-ce qu'il faut faire?

ROCH : Il faut être curieux. Il faut observer et écouter les gens. Puis il faut aimer inventer.

VISAGES : Alors, pour être écrivain, c'est important d'être sociable?

ROCH : Oui, moi, j'aime connaître les gens. Mais il y a aussi des écrivains qui préfèrent le rêve.

VISAGES : C'est une profession difficile?

ROCH : Bien oui. Je travaille très fort. Un écrivain doit travailler comme un athlète. Si un athlète ne travaille pas fort, il ne gagne pas son championnat.

VISAGES : Aimez-vous lire?

ROCH : Bien sûr, j'adore lire. Les écrivains lisent beaucoup.

VISAGES : Où trouvez-vous des idées pour vos histoires?

ROCH : Je regarde autour de moi. Je trouve mes idées dans la vie de tous les jours.

On peut poser des questions de différentes façons. ***Regardez!***

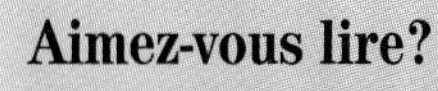

Est-ce que vous aimez lire?

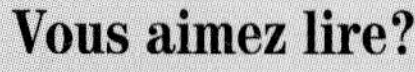

Parlons avec...

Claire L'Heureux-Dubé

Visages parle avec Madame L'Heureux-Dubé, juge à la Cour suprême du Canada.

VISAGES : Être juge, c'est une profession intéressante?

MME L'HEUREUX-DUBÉ : Oui, un travail vraiment passionnant. J'aime aider les gens.

VISAGES : Qu'est-ce qu'il faut faire pour être une bonne juge?

MME L'HEUREUX-DUBÉ : D'abord, il faut être logique. Il faut écouter les gens et prendre de bonnes décisions.

VISAGES : Quelles matières sont utiles pour votre profession?

MME L'HEUREUX-DUBÉ : Toutes les matières. L'histoire, par exemple, est très utile.

VISAGES : Est-ce qu'il faut beaucoup lire?

MME L'HEUREUX-DUBÉ : Oui, lire et écrire. La bonne communication est essentielle.

VISAGES : Êtes-vous bilingue?

MME L'HEUREUX-DUBÉ : Oui. Je suis bilingue. Il est très important de parler les deux langues officielles du Canada.

VISAGES : Alors, êtes-vous heureuse d'être juge?

MME L'HEUREUX-DUBÉ : Oui. J'adore ma profession. Dans la vie, il faut bien choisir sa carrière.

Attention! On dit «***tu***» à un adulte qu'on connaît bien, mais on dit «***vous***» à un adulte qu'on ne connaît pas bien!

Parlons avec...

Lewis Eisen

Visages parle avec l'entrepreneur Lewis Eisen. Il est spécialiste dans le domaine des ordinateurs.

VISAGES : Monsieur Eisen, quels services offrez-vous?

LEWIS : J'aide les gens à comprendre les ordinateurs, et à utiliser Internet. J'écris aussi des articles sur les ordinateurs.

VISAGES : Quelles qualités est-ce qu'il faut posséder pour être son propre patron?

LEWIS : Il faut surtout être organisé et discipliné. Je ne regarde pas beaucoup de télévision!

VISAGES : Vous trouvez les ordinateurs passionnants?

LEWIS : Mais oui! La technologie change chaque jour. C'est fascinant!

VISAGES : Est-ce qu'il faut beaucoup voyager dans votre profession?

LEWIS : Oui! J'assiste à des conférences partout en Amérique du Nord.

VISAGES : Êtes-vous bilingue?

LEWIS : Mais oui! Dans les conférences, je fais des présentations en français et en anglais.

VISAGES : Qu'aimez-vous le plus dans votre travail?

LEWIS : Avec les ordinateurs, on peut communiquer avec des gens partout dans le monde. Ça, c'est super!

Je suis en 6e année.
Je suis serviable.
Je suis patiente.
J'aime aider les autres
et j'adore lire.
J'aime les sciences.

Moi, comme adulte

J'ai 35 ans. Je suis médecin.
Je travaille à l'hôpital.
J'aide les autres.
Il faut écouter les gens.
Il faut être patient.

Aujourd'hui

J'ai onze ans.
Je suis aventureux.
J'adore voyager.
J'aime parler aux gens.
J'aime les maths.

Moi, comme adulte

J'ai 30 ans.
Je suis pilote d'avion.
Je voyage beaucoup.
Je travaille avec mon équipe.
Il faut être calme et coopératif.

THÈME 4
Chez Danielle
1
2
3
4
5

6
7
8
9
10

Chez Danielle

MENU

Soupes

soupe à l'oignon
soupe aux champignons
soupe aux légumes

Salades

salade César
salade d'épinards
salade maison

Plats du jour

servis avec légume au choix (carottes au beurre, haricots verts aux amandes, champignons sautés, brocoli au beurre) et choix de frites, pomme de terre au four ou riz

bifteck
poulet rôti
escalope de veau
rôti de porc

filet de sole
crevettes à l'ail
omelette au jambon

Desserts

sorbet à l'orange
tarte aux pommes
mousse au chocolat
crème glacée à la vanille
crème caramel
fraises des bois

Boissons

eau minérale
boissons gazeuses
jus d'orange
jus de tomate
limonade
lait café thé

Les verbes en *-ir*	Les verbes en *-re*
choisir	***attendre***
je chois**is**	j'attend**s**
tu chois**is**	tu attend**s**
il chois**it**	il attend
elle chois**it**	elle attend
nous chois**issons**	nous attend**ons**
vous chois**issez**	vous atten**dez**
ils chois**issent**	ils atten**dent**
elles chois**issent**	elles atten**dent**

prendre se termine avec les lettres ***-re***, mais ***prendre*** n'est pas un verbe régulier. Regardez!

prendre

je prends	nous prenons
tu prends	vous prenez
il prend	ils prennent
elle prend	elles prennent

La salade maison de Chez Danielle

La salade maison de Danielle

- du brocoli
- des carottes
- des champignons
- du concombre
- des poivrons rouges
- des tomates
- de la laitue
- des graines de sésame rôties
- du fromage blanc en cubes
- des olives noires

1. Lavez et coupez en morceaux le brocoli, les carottes, les champignons, le concombre, les poivrons, et les tomates.
2. Mettez les légumes et la laitue lavée dans un grand saladier.
3. Ajoutez des graines de sésame, des cubes de fromage et des olives noires.
4. Préparez et ajoutez la vinaigrette.
5. Mélangez le tout.

VOUS AIMEZ LA SALADE? ALORS, VOUS ALLEZ ADORER MA SALADE MAISON! C'EST UNE SALADE AUX LÉGUMES ET AU FROMAGE. ELLE EST DÉLICIEUSE! VOICI MA RECETTE.

ET VOICI LA RECETTE POUR MA VINAIGRETTE SPÉCIALE. C'EST UNE VINAIGRETTE À LA MOUTARDE, À L'AIL ET AUX FINES HERBES.
POUR BIEN PRÉPARER LA SALADE MAISON, IL FAUT CHANTER!
Brocoli, carottes, concombre et champignons
Laitue, tomates, olives noires et poivrons
Le tout, de ma vinaigrette arrosé
Et voilà ma salade... ma spécialité!

La vinaigrette de Danielle

- une cuillère à soupe de moutarde de Dijon (15 ml)
- 1/4 tasse de vinaigre (60 ml)
- une tasse d'huile d'olive (250 ml)
- des fines herbes au goût
- une gousse d'ail émincée
- du sel et du poivre au goût

1. Mélangez la moutarde et le vinaigre.
2. Ajoutez l'huile petit à petit en mélangeant bien.
3. Ajoutez les herbes, l'ail, le sel et le poivre.

Allons au marché!

Les marchés en plein air sont très populaires en France. D'habitude, ils sont ouverts deux jours par semaine. Prends ton panier et allons au marché. Tout le monde est là. Les fruits et les légumes sont si frais. Les fleurs sont si belles et les pâtisseries sont si délicieuses! Mmmm... que ça sent bon!

Voici quelques marchés en Provence, une région du sud de la France.

Voilà un vrai repas français! Pour commencer, on prend des escargots. Comme plat principal, de l'escalope de veau aux petits pois. Puis, on prend de la salade. Ensuite, on prend du fromage avec du pain. Et, bien sûr, un dessert pour terminer.

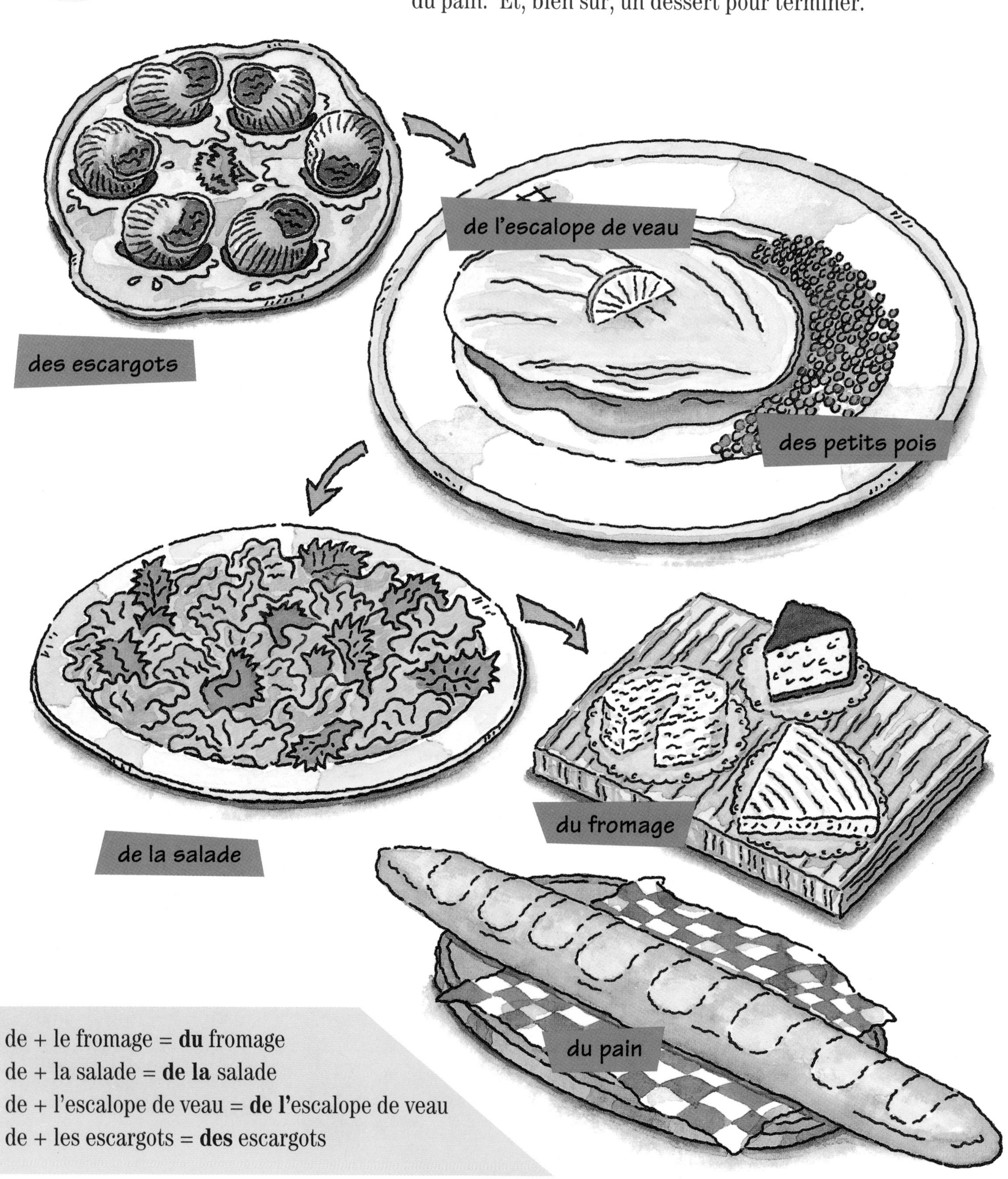

de + le fromage = **du** fromage
de + la salade = **de la** salade
de + l'escalope de veau = **de l'**escalope de veau
de + les escargots = **des** escargots

Comme dessert, il y a de la mousse au chocolat, de la tarte au citron, du gâteau à l'orange, des fraises à la crème et de la tarte aux pommes.

à + le chocolat = **au** chocolat
à + la crème = **à la** crème
à + l'orange = **à l'**orange
à + les pommes = **aux** pommes

La cuisine de la Louisiane

Dans un petit coin de l'Amérique se trouve la Louisiane : un État de gens chaleureux dont la cuisine est unique. En effet, la cuisine de la Louisiane, reconnue partout dans le monde, est un mélange de plats cajuns et créoles traditionnels, et de mets rendus populaires par le célèbre chef louisianais Paul Prudhomme.

En Louisiane, tu peux trouver toutes sortes de spécialités délicieuses. (Attention! Quelques plats sont très épicés!) Il y a toujours des crevettes au menu, mais la spécialité la plus répandue, c'est sûrement les écrevisses qui sont préparées de plusieurs façons. On en mange partout : à la maison, dans les cafés et dans les restaurants. On organise même des festivals d'écrevisses!

Tu as le bec sucré? Tu vas sûrement aimer les pralines et les beignets de la région. Ces beignets légers, toujours servis chauds, sont la spécialité du Café du Monde dans le Vieux Carré de la Nouvelle-Orléans. Ils sont délicieux!

Les Louisianais sont très fiers de leur cuisine. Quand tu rentres dans un restaurant en Louisiane, tu vas sûrement bien manger!

La première journée
d'Hector et de Lucien
Hector
Lucien
Les serveurs sont :
polis,
attentifs,
patients,
rapides.

Asseyez-vous, madame.

Et comme dessert,
vous désirez...

Et comme dessert,
je prends...

Tu veux de
la pizza?

Hmmm... qu'est-ce
que je prends?

De l'eau, s'il
vous plaît!

De l'eau, s'il vous plaît!

HECTOR,
SERVEUR
EXTRAORDINAIRE!

CAFÉ
DU
COIN

ATTENTION! ON DIT <<VOUS>>
À QUELQU'UN QU'ON NE CONNAÎT
PAS; C'EST UNE FORMULE
DE POLITESSE.

Hector fait des erreurs

Et vous, monsieur?
L'omelette au jambon, du brocoli au beurre et des frites.
Pour commencer?
Je vais essayer la soupe aux champignons.

Et comme dessert?
Le sorbet à l'orange... Non, non, les fraises... Mais non, la mousse au chocolat!
Et comme boisson?
Un café, s'il vous plaît.
Merci.

Hector apporte le pain et les boissons.

Hector apporte les soupes et les salades.
Oh là, là! Hector fait une erreur. Quelle erreur?

Hector apporte les plats principaux.
Oh, là, là! Hector fait deux erreurs. Quelles erreurs?

Hector apporte les desserts.
Oh, là, là!
Hector fait une erreur.
Qu'est-ce que c'est?

Bienvenue au Café jeunesse

Je prends…

Nous choisissons…

Je commande…

Je vais essayer…

Je vais commander…

Je vais prendre…

THÈME 5

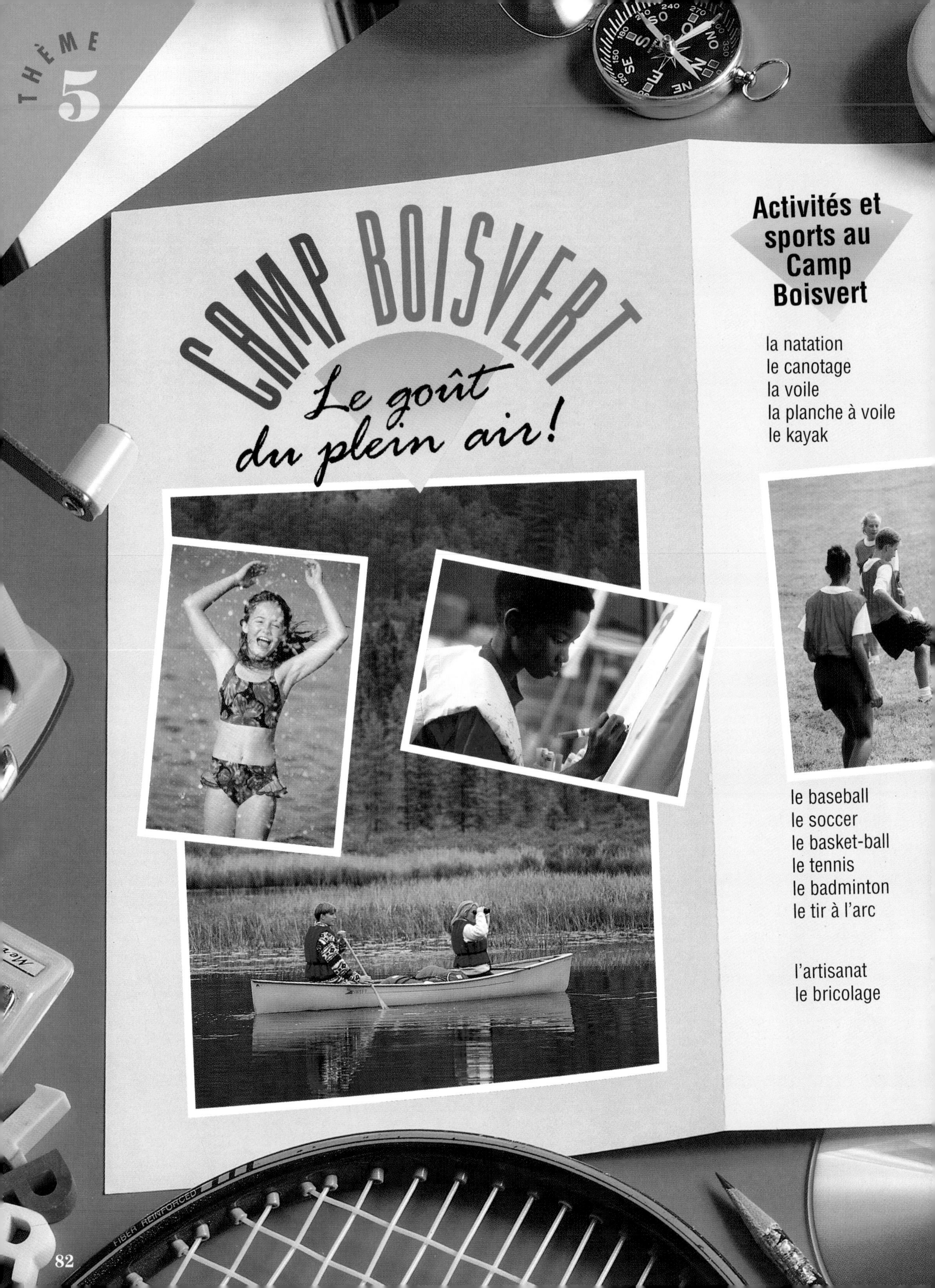

CAMP BOISVERT

Le goût du plein air!

Activités et sports au Camp Boisvert

la natation
le canotage
la voile
la planche à voile
le kayak

le baseball
le soccer
le basket-ball
le tennis
le badminton
le tir à l'arc

l'artisanat
le bricolage

Nos objectifs : donner aux jeunes l'occasion de vivre des vacances en plein air, de s'amuser et de participer à toutes sortes d'activités et de sports.

Nos installations

80 lits, 10 par cabane
centre de récréation
salle à manger
terrains de jeux
courts de tennis

l'escalade
la randonnée pédestre
le camping
les feux de camp
les exercices de survie
l'orientation

Camp Boisvert
Route rurale 362
Baie-Saint-Paul (Québec)
G0A 1B0

Téléphone : (418) 555-6291

QUELLES ACTIVITÉS DU CAMP BOISVERT T'INTÉRESSENT?

Code pos

Numéro de télé one :

Nom des parents :

Nom du médecin :

Numéro de téléphone :

Végétarien(ne)?

le bricol

3. Que ctivités p

4. Quelles activités est-c

L'arrivée au Camp Boisvert
BONJOUR! JE M'APPELLE LAURE.
SALUT, LAURE! JE M'APPELLE DENISE. VOICI MON AMIE FRANÇOISE.
MOI, C'EST LUCIE.
D'OÙ VIENS-TU?
JE SUIS DE SAINT-JEAN, AU NOUVEAU-BRUNSWICK. ET VOUS?
DENISE ET MOI, NOUS SOMMES D'OTTAWA.
LUCIE, D'OÙ VIENS-TU?
JE SUIS DE TROIS-RIVIÈRES.
TU AIMES LE BASEBALL, LUCIE?
OUI, JE FAIS PARTIE D'UNE ÉQUIPE DE BASEBALL. J'ADORE JOUER AU BASEBALL.
MOI, JE N'AIME PAS LE BASEBALL. FRANÇOISE ET MOI, NOUS AIMONS NAGER. TU AIMES NAGER, TOI?
MAIS OUI, J'AIME NAGER! MAIS JE PRÉFÈRE JOUER AU BASEBALL.
MOI, J'AIME FAIRE DE L'ESCALADE. ET VOUS?
AH OUI! NOUS AUSSI, NOUS AIMONS FAIRE DE L'ESCALADE.
C'EST SUPER!

PAS MOI. JE N'AIME PAS FAIRE DE L'ESCALADE. MOI, JE PRÉFÈRE JOUER AU BASEBALL.
AIMES-TU JOUER AU TENNIS? DENISE ET MOI, NOUS JOUONS TRÈS SOUVENT AU TENNIS.
MOI, AUSSI, J'AIME JOUER AU TENNIS. ALORS, NOUS ALLONS JOUER ENSEMBLE. ET TOI, LUCIE?
BIEN SÛR! J'AIME JOUER AU TENNIS. MAIS JE PRÉFÈRE JOUER AU BASEBALL.
ALORS, QU'EST-CE QU'ON VA FAIRE CET APRÈS-MIDI? DU TENNIS?
DE LA NATATION?
DE L'ESCALADE?
ALLEZ, TOUT LE MONDE! QUI AIME JOUER AU BASEBALL? VENEZ! NOUS ALLONS FORMER DES ÉQUIPES!
MOI, J'ADORE JOUER AU BASEBALL!
HOURRA! NOUS ALLONS JOUER AU BASEBALL!

Une journée bien remplie!

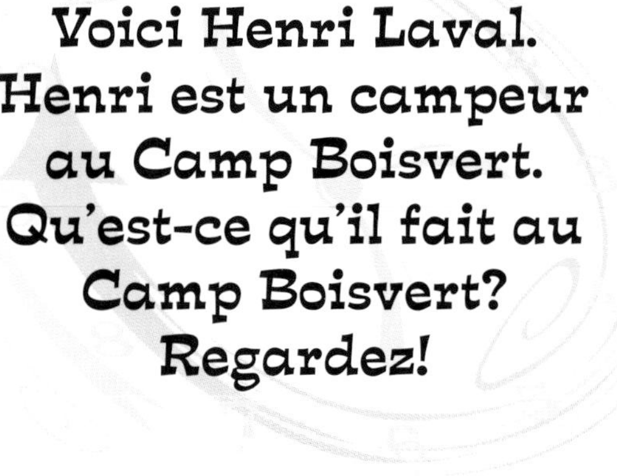

Voici Henri Laval. Henri est un campeur au Camp Boisvert. Qu'est-ce qu'il fait au Camp Boisvert? Regardez!

1 À 7 h 30, Henri fait du jogging.

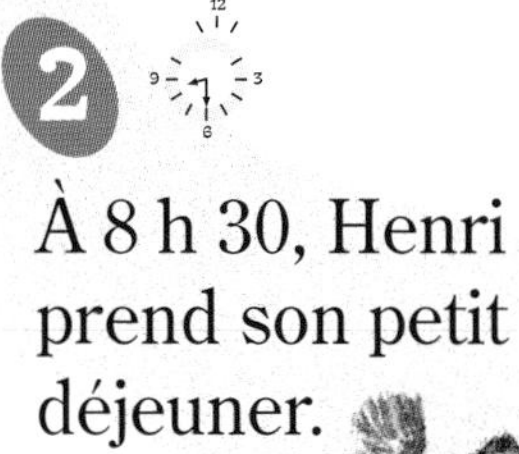

2 À 8 h 30, Henri prend son petit déjeuner.

7 À 14 h 30, Henri joue au soccer.

8 À 16 h, Henri joue au badminton.

9 À 17 h 30, Henri prend son dîner.

3
À 9 h 30, Henri
fait du canotage.
4
À 11 h, Henri fait
de la natation.
5
À midi, Henri prend
son déjeuner.
6
À 13 h, Henri
fait de l'artisanat.
10
À 20 h 30, tout
le monde est au
feu de camp.
Henri chante.
11
Il est 21 h 30. Où est Henri?
Henri est dans sa cabane.
Henri dort. Il est très fatigué.

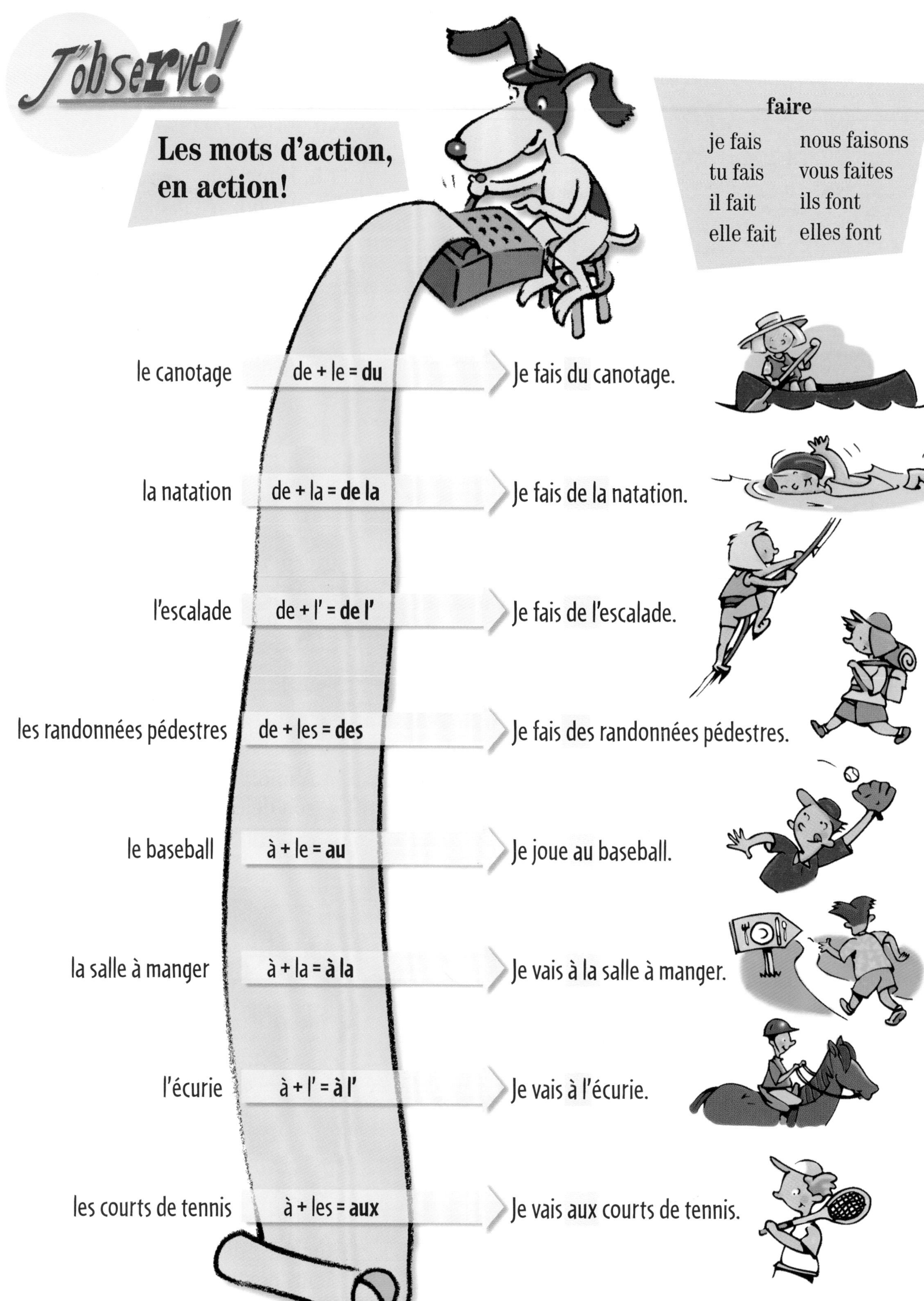
J'observe!
Les mots d'action, en action!
faire
je fais
tu fais
il fait
elle fait
nous faisons
vous faites
ils font
elles font
le canotage
de + le = du
Je fais du canotage.
la natation
de + la = de la
Je fais de la natation.
l'escalade
de + l' = de l'
Je fais de l'escalade.
les randonnées pédestres
de + les = des
Je fais des randonnées pédestres.
le baseball
à + le = au
Je joue au baseball.
la salle à manger
à + la = à la
Je vais à la salle à manger.
l'écurie
à + l' = à l'
Je vais à l'écurie.
les courts de tennis
à + les = aux
Je vais aux courts de tennis.

Route rurale 362, Baie-Saint-Paul (Québec), G0A 1B0

Formulaire d'inscription

Nom de l'enfant : Laval

Prénom : Henri

Âge : 12 ans

Niveau scolaire : 6e

Adresse : 756, rue de la Montagne

Ville : Gaspé

Province : Québec

Code postal : G0E 3A4

Numéro de téléphone : (418) 555-7629

Nom des parents : Claude et Martine

Nom du médecin : Dre Clarisse Roux

Numéro de téléphone : (418) 555-1256

Végétarien(ne)? Non

Allergies : Noix

1. Quels sports aimes-tu?

Sports nautiques

- [x] la natation
- [x] le canotage
- [ ] la voile
- [ ] la planche à voile
- [ ] le kayak

Sports d'équipe

- [x] le baseball
- [x] le soccer
- [ ] le basket-ball
- [ ] le tennis
- [x] le badminton
- [ ] le tir à l'arc

2. Quelles activités aimes-tu?

- [x] l'escalade
- [ ] la randonnée pédestre
- [x] le camping
- [x] les feux de camp
- [ ] les exercices de survie
- [ ] l'orientation
- [x] l'artisanat
- [ ] le bricolage

3. Quelles sont tes activités préférées?

J'aime faire de l'escalade et de la natation.
J'aime aussi pratiquer les sports d'équipe.
J'adore jouer au soccer.

4. Quelles activités est-ce que tu n'aimes pas?

Je n'aime pas faire de la voile.
Je n'aime pas faire de la randonnée pédestre.

Dates préférées :

- [ ] du 6 au 12 juillet
- [ ] du 13 au 19 juillet
- [x] du 3 au 9 août
- [ ] du 10 au 16 août

Signature du parent/gardien : *Martine Laval*

On fait le tour du Camp Boisvert

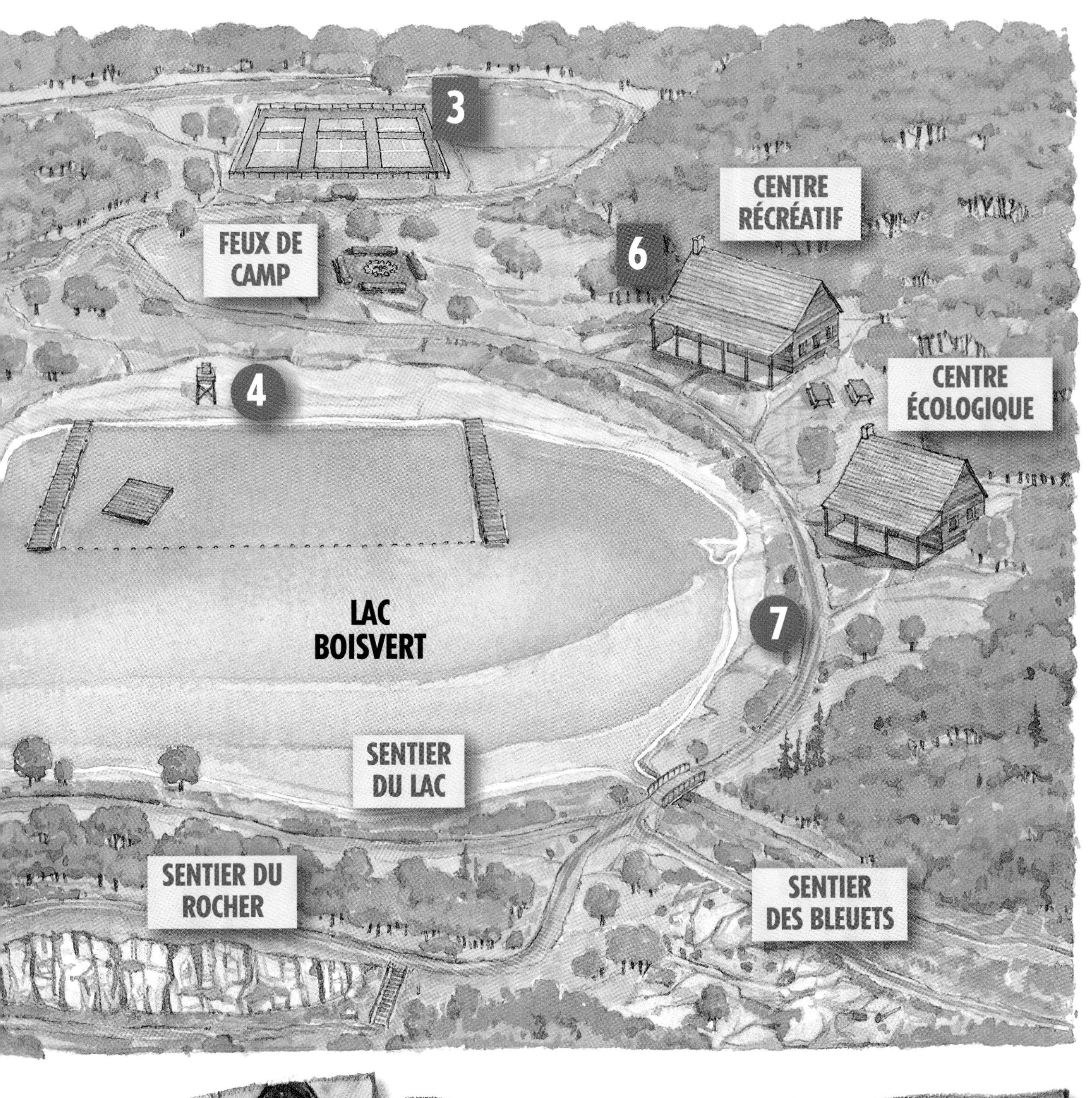
3
CENTRE
RÉCRÉATIF
FEUX DE
CAMP
6
4
CENTRE
ÉCOLOGIQUE
LAC
BOISVERT
7
SENTIER
DU LAC
SENTIER DU
ROCHER
SENTIER
DES BLEUETS

6
13 h
8
15 h 30
10
18 h

Comment est-ce qu'on parle du futur? Regardez!

Qu'est-ce qu'on fait?

Ce matin, je joue au soccer.
Aujourd'hui, je fais de l'artisanat.
Maintenant, je vais à l'école.

Qu'est-ce qu'on va faire?

Cet après-midi, je **vais** faire de l'escalade.
Demain, je **vais** jouer au baseball.
Cet été, je **vais** aller au camp.

aller

je vais	nous allons
tu vas	vous allez
il va	ils vont
elle va	elles vont

QU'EST-CE QUE TU VAS FAIRE LA FIN DE SEMAINE PROCHAINE?

Camp Jeunesses artistiques
Musique, théâtre, beaux-arts en plein air
Nos activités musicales
- l'orchestre
- les petits ensembles
- le chant (solo et chorale)
- la percussion
Nos activités dramatiques
- l'improvisation
- la construction de décors
- la mise en scène
- la chorégraphie
- le mime
Nos activités de beaux-arts
- la peinture à l'huile
- l'aquarelle
- la sculpture
- la céramique
Le site et les locaux
10 cabanes pour dormir, salle de théâtre, studio de musique et studio de beaux-arts, salle à manger et salle de jeux.
Le Camp Jeunesses artistiques offre une expérience artistique et éducative en plein air. Tous nos moniteurs sont des artistes professionnels.
MOI, JE VAIS ALLER AU CAMP JEUNESSES ARTISTIQUES...

CAMP ÉCOLO

La nature de plus près

Si tu aimes l'environnement...

Si tu aimes la nature...

Si tu aimes les sciences...

Le Camp Écolo est fait pour toi!

Nos activités

On étudie les marées, les poissons et leur habitat. Au laboratoire, on examine les plantes et les poissons. On fait des recherches sur les insectes, les plantes et les animaux.

Nos installations

Nous avons 12 cabanes une salle à manger, un laboratoire, une bibliothèque et plus de 30 kilomètres de sentiers.

Nos objectifs

Nous donnons aux jeunes l'occasion d'explorer l'environnement et de découvrir les beautés de la nature.

Camp Écolo
Route rurale 233
Gaspé (Québec)
G0C 2L0

Téléphone :
(418) 555-9061

MAINTENANT JE PRÉFÈRE LE CAMP ÉCOLO!

Ranch Belmont

Pour les amateurs de chevaux

Activités

Des cours d'équitation sont au programme tous les jours. Il y a aussi des feux de camp, du bricolage et de l'artisanat. Vous pouvez faire de la natation, du canotage et de l'orientation. Si vous aimez les sports, vous pouvez jouer au baseball et au soccer.

Site et locaux

Nos bâtiments et nos cabanes sont situés au bord de la rivière. Il y a trois écuries et plus de 50 chevaux, une cafétéria, une salle de théâtre, une salle d'artisanat, une salle de bricolage et une piscine.

Séjours

- du 4 au 17 juillet
- du 18 au 31 juillet
- du 1er au 14 août
- du 15 au 28 août

Ranch Belmont
Route rurale 5
Moncton (Nouveau-Brunswick)
E1C 7H6

Numéro de téléphone :
(506) 555-6791

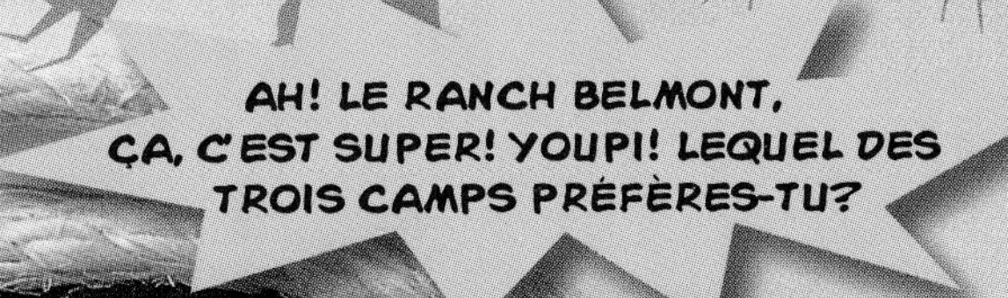

AH! LE RANCH BELMONT, ÇA, C'EST SUPER! YOUPI! LEQUEL DES TROIS CAMPS PRÉFÈRES-TU?

Le plein air à travers le monde francophone

La voile en France

L'escalade de rocher en France

Le conditionnement au Sénégal

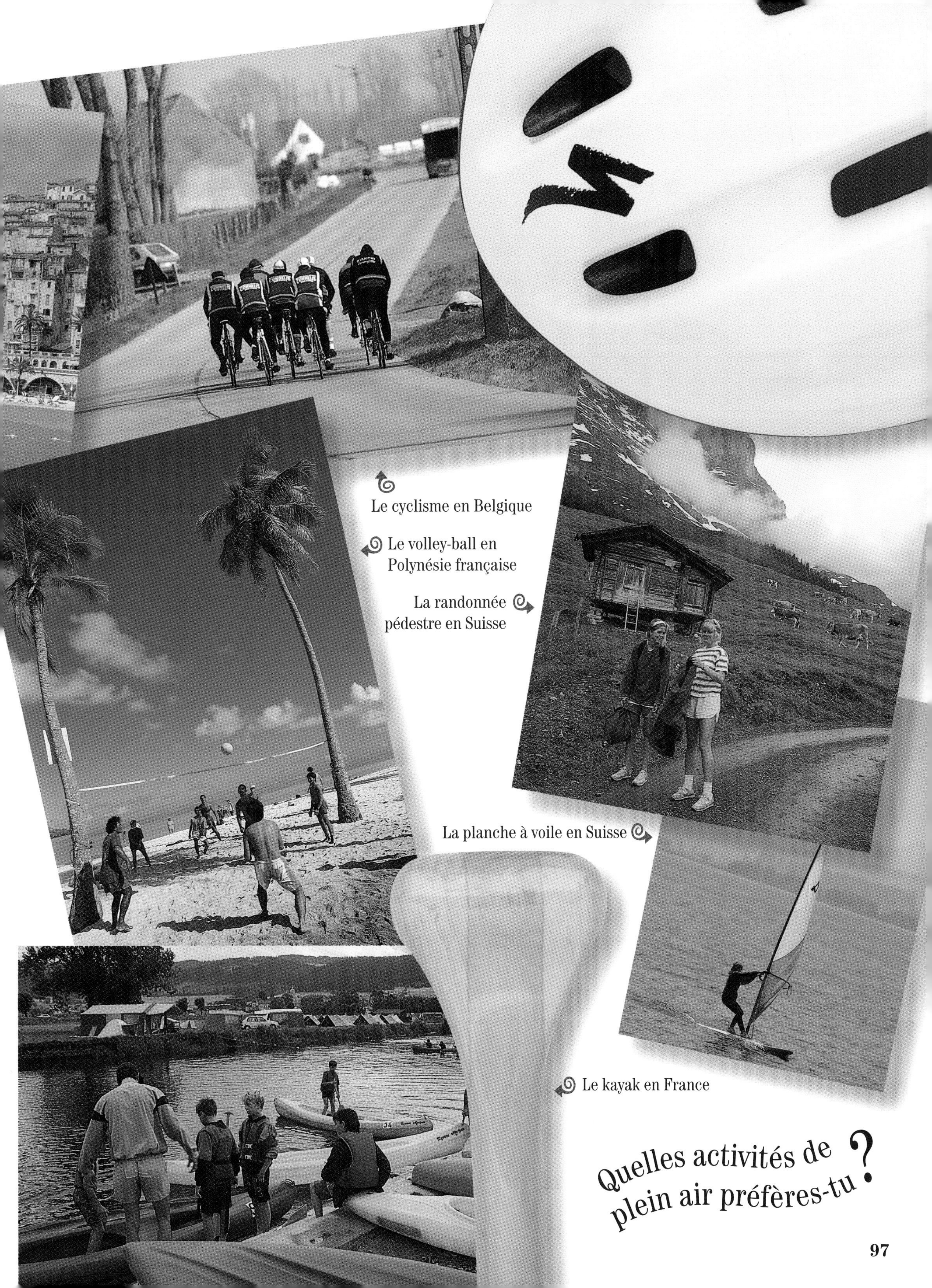

Le cyclisme en Belgique

Le volley-ball en Polynésie française

La randonnée pédestre en Suisse

La planche à voile en Suisse

Le kayak en France

Quelles activités de plein air préfères-tu ?

Faisons de la publicité!

Comment créer une brochure ★

Sur la page couverture :

- le nom du camp
- des photos ou dessins intéressants
- le texte

À l'intérieur :

- une liste des activités
- une description des installations
- d'autres photos ou dessins intéressants
- photos des installations

Au verso :

- le nom du camp
- l'adresse
- le numéro de téléphone

Comment faire de la publicité pour la radio ★

- Mentionnez le nom du camp trois fois.
- Nommez les activités.
- Donnez l'adresse et le numéro de téléphone du camp.
- Composez une petite chanson.

Viens vivre en français!

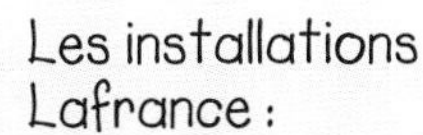

Les installations Lafrance :

- tentes et cabanes
- salle à manger
- centre de récréation
- cinéma en plein air
- piscine
- courts de tennis
- 20 kilomètres de sentiers

Les activités Lafrance :

- la natation
- la planche à voile
- le canotage
- le kayak
- le tennis
- le baseball
- la randonnée pédestre
- le théâtre
- l'artisanat

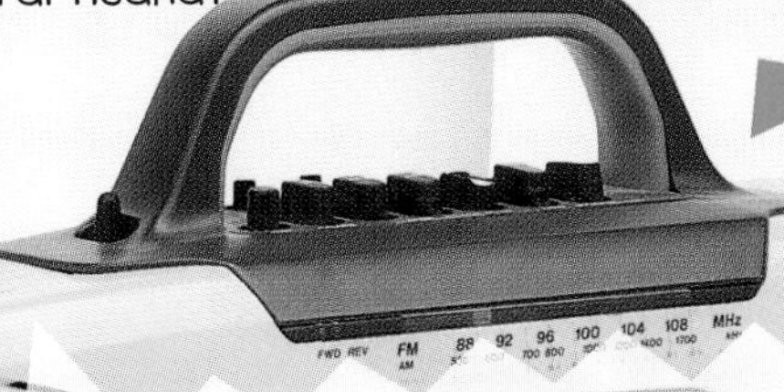

Le Camp Lafrance est super!
C'est le camp idéal pour les jeunes actifs!
Tu aimes jouer au baseball? Viens au Camp Lafrance!
Tu aimes faire de l'artisanat? Viens au Camp Lafrance où tu vas t'amuser en français! Viens faire un tour au Camp Lafrance, situé à Clarenceville, au Québec. Ou téléphone-nous au (514) 555-1671.

Camp Lafrance : des amis, de l'action et du plein air... en français!

Paulette : Regarde ces beaux poissons, Richard!

Richard : Ils sont magnifiques! Je me demande si nous allons voir ces poissons à la Martinique.

Paulette : J'espère que oui! En tout cas, nous allons voir demain.

Richard : Notre visite chez tante Marie arrive au bon moment. Elle peut m'aider avec mon projet sur les poissons tropicaux.

Paulette : Sans doute! Puisqu'elle est océanographe, elle connaît bien la vie aquatique.

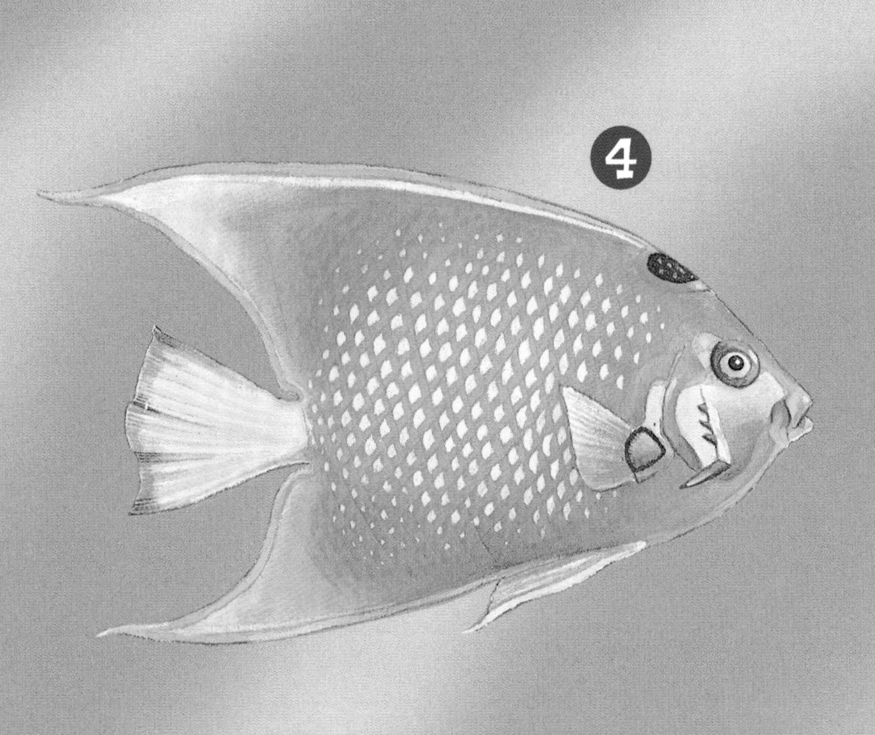

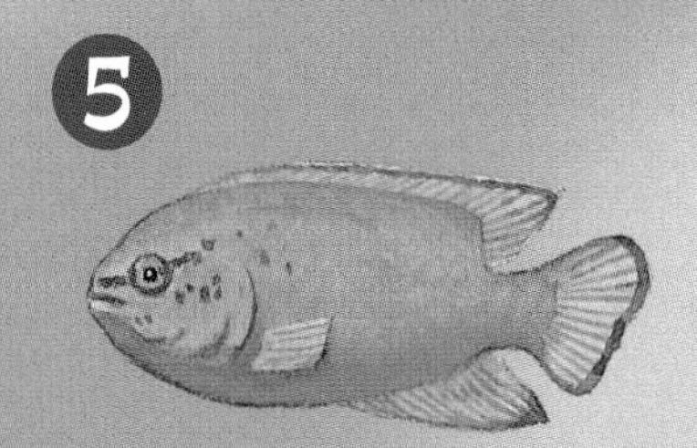

1 un poisson-clown
2 une crevette
3 du corail
4 un poisson-ange
5 un poisson-demoiselle
6 un escargot
7 un poisson-écureuil
8 un oursin
9 une anémone de mer

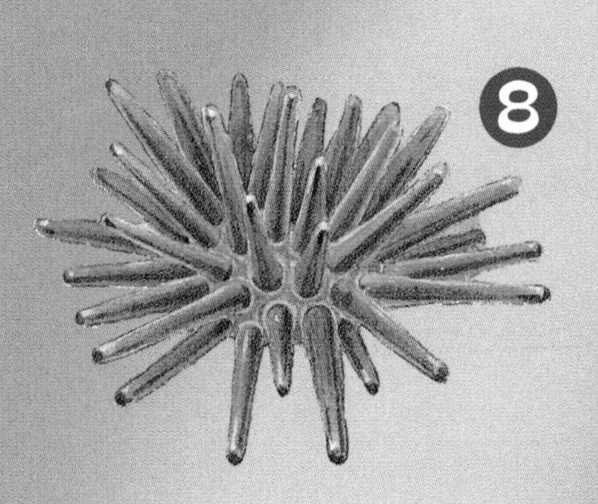

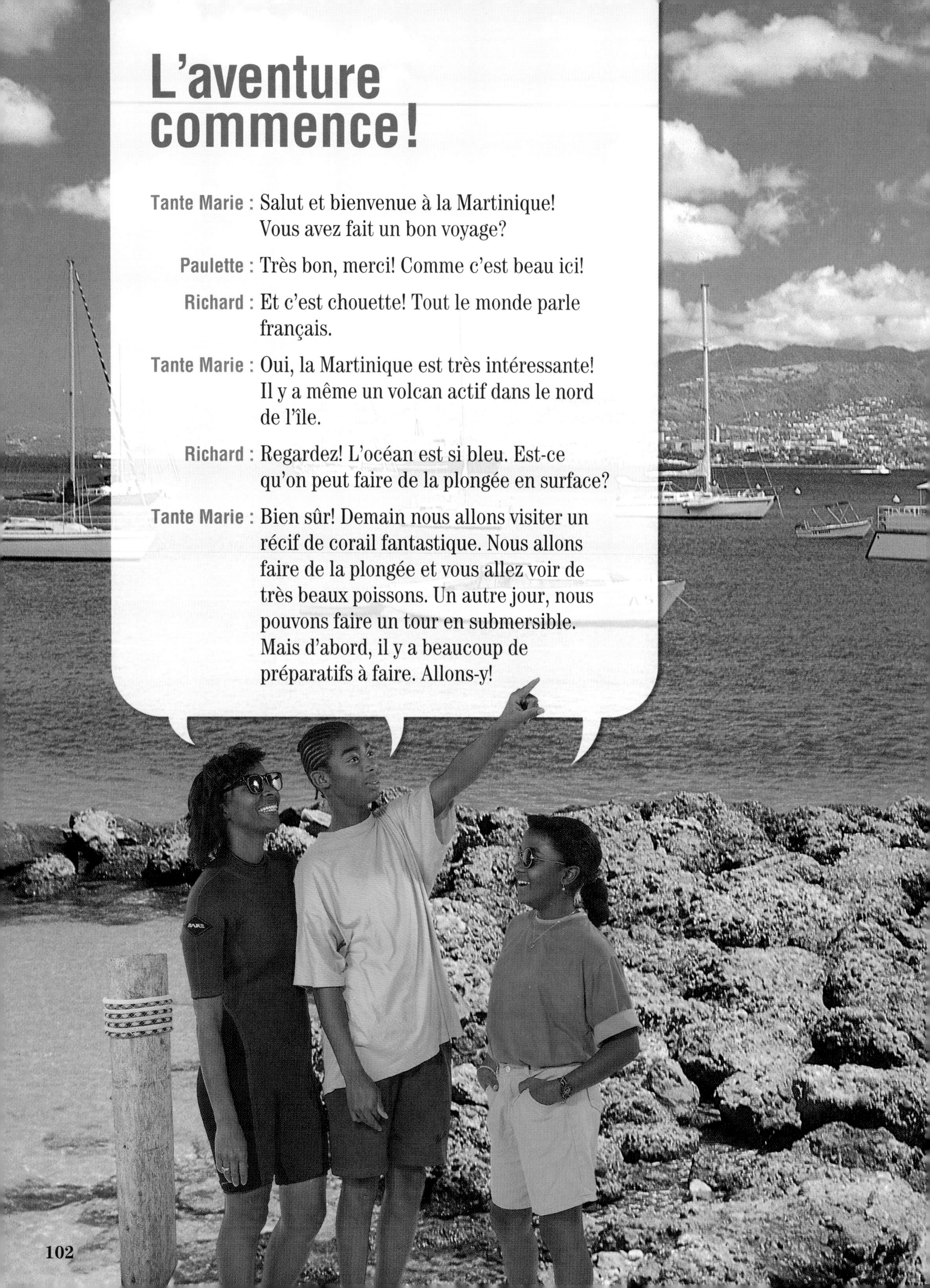

L'aventure commence!
Tante Marie : Salut et bienvenue à la Martinique! Vous avez fait un bon voyage?
Paulette : Très bon, merci! Comme c'est beau ici!
Richard : Et c'est chouette! Tout le monde parle français.
Tante Marie : Oui, la Martinique est très intéressante! Il y a même un volcan actif dans le nord de l'île.
Richard : Regardez! L'océan est si bleu. Est-ce qu'on peut faire de la plongée en surface?
Tante Marie : Bien sûr! Demain nous allons visiter un récif de corail fantastique. Nous allons faire de la plongée et vous allez voir de très beaux poissons. Un autre jour, nous pouvons faire un tour en submersible. Mais d'abord, il y a beaucoup de préparatifs à faire. Allons-y!

ORKELING
ÉTATS - UNIS
OCÉAN ATLANTIQUE
FLORIDE
GOLFE
DU
MEXIQUE
ÎLES BAHAMAS
RÉPUBLIQUE
DOMINICAINE
CUBA
MEXIQUE
GUADELOUPE
JAMAÏQUE
HAÏTI
MARTINIQUE
STE - LUCIE
VÉNÉZUÉLA
Quelle île tropicale veux-tu visiter?

La vie du récif

Regardez ces étoiles de mer et cet oursin.
Ce sont des créatures très primitives. Elles ont un corps très dur. On nomme ce genre de créatures des échinodermes.
Voilà un crabe!
Beaucoup d'espèces de crabes, de crevettes et d'escargots habitent le récif. Ce sont des crustacés. Ils ont un squelette extérieur.
Qu'est-ce qu'ils mangent, tous ces animaux marins?
Ils mangent des algues et du plancton. Le plancton, c'est une masse de plantes et d'organismes minuscules, presque invisibles.

Un jardin sous l'eau

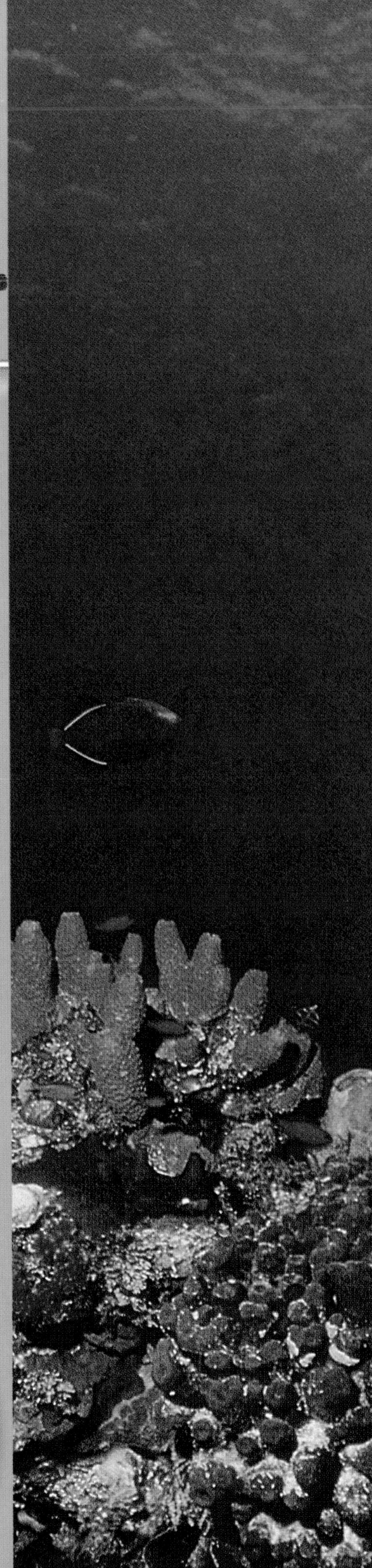

Richard : C'est une journée idéale pour notre aventure marine!

Paulette : Tante Marie, même si tu dois faire de la plongée chaque jour, tu aimes toujours ça?

Tante Marie : Oh oui! Faire de la plongée dans un récif est une expérience fantastique! Les récifs sont captivants. Un récif, c'est comme un grand jardin sous l'eau. Mais dans ce jardin, la vie n'est pas facile.

Richard : Pourquoi?

Tante Marie : Pour les animaux qui habitent le récif, il y a beaucoup de compétition pour trouver à manger. Comme dans la jungle, il y a des prédateurs et des proies.

Paulette : C'est dangereux pour les plongeurs?

Tante Marie : Non, mais quand même, il faut faire attention et nager près de moi.

Richard : L'eau est profonde où nous allons nager?

Tante Marie : Non, le récif est près de la surface de l'eau.

Paulette : Regardez! Je vois le récif!

Tante Marie : Oui, on arrive! Maintenant, il faut jeter l'ancre. Au travail, tout le monde!

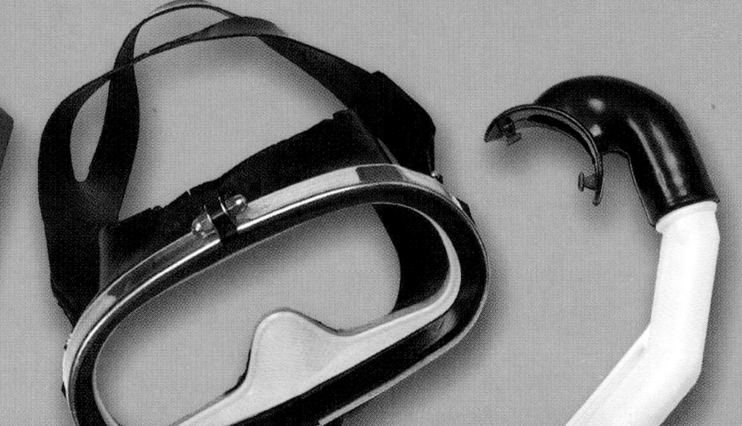

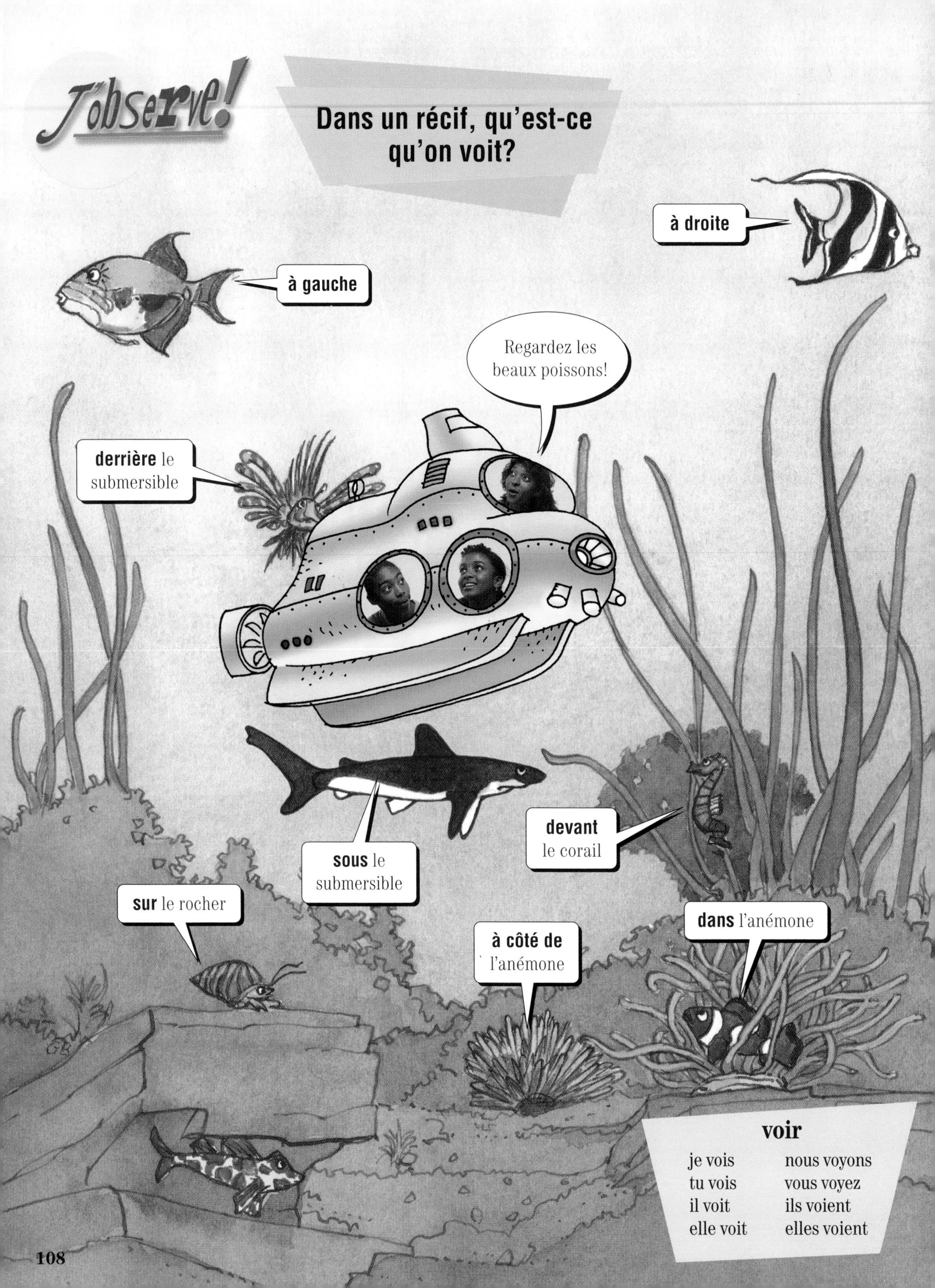
J'observe!
Dans un récif, qu'est-ce qu'on voit?
à droite
à gauche
Regardez les beaux poissons!
derrière le submersible
sous le submersible
devant le corail
sur le rocher
à côté de l'anémone
dans l'anémone
voir
je vois
tu vois
il voit
elle voit
nous voyons
vous voyez
ils voient
elles voient

Faisons de la recherche!

Les poissons dits «sociables» sont des poissons qui peuvent vivre en communauté. Ils sont compatibles avec les autres poissons sociables.

Ne mettez pas de coraux dans un aquarium avec des poissons qui mangent des coraux.

Les poissons timides n'aiment pas les poissons agressifs ou les poissons prédateurs.

Les poissons prédateurs peuvent vivre ensemble, mais ils mangent les autres poissons sociables et timides.

le baliste

nourriture : des invertébrés et des petits poissons
personnalité : très agressif
précautions : incompatible avec les poissons sociables et les poissons timides

le mérou de Nassau

nourriture : des invertébrés et des poissons
personnalité : très agressif
précautions : incompatible avec les poissons sociables et les poissons timides

l'étoile de mer

nourriture : des coraux et du plancton
personnalité : sociable
précautions : mange les coraux dans un aquarium; mettre seulement dans un aquarium sans coraux

l'oursin

nourriture : des algues
personnalité : sociable
précautions : aucune

Note : Les poissons sociables, timides et prédateurs aiment vivre dans les coraux.

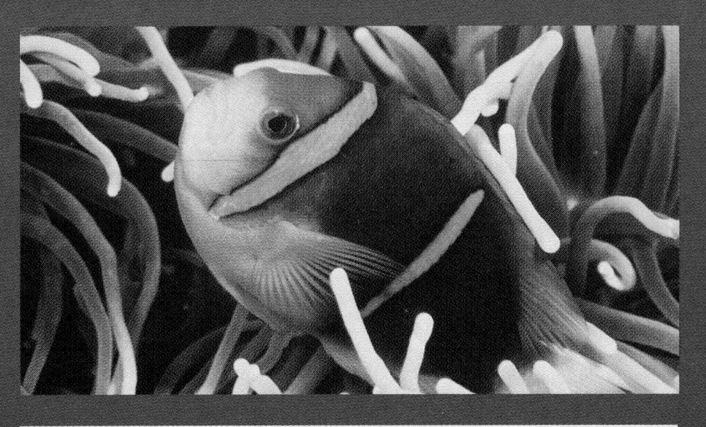

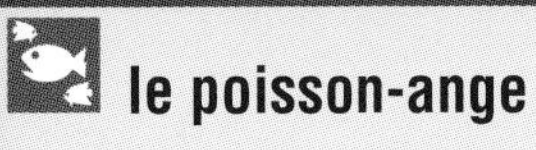

le poisson-ange

nourriture : des algues et des petits invertébrés
personnalité : sociable, mais assez agressif
précautions : incompatible avec les poissons timides et les poissons prédateurs; peuvent aussi s'attaquer les uns les autres

le poisson-clown

nourriture : du plancton
personnalité : sociable
précautions : habite dans les anémones (le seul poisson qui peut tolérer le venim des anémones); incompatible avec les poissons timides et les poissons prédateurs

le poisson-écureuil

nourriture : des invertébrés et de très petits poissons
personnalité : sociable, mais assez agressif
précautions : incompatible avec les poissons timides et les poissons prédateurs

le poisson-papillon

nourriture : des coraux
personnalité : sociable
précautions : mange les coraux dans un aquarium; mettre seulement dans un aquarium sans coraux

le poisson-perroquet

nourriture : des coraux
personnalité : sociable
précautions : mange les coraux dans un aquarium; mettre seulement dans un aquarium sans coraux

le poisson-trompette

nourriture :
des invertébrés et de très petits poissons
personnalité :
très timide et nerveux
précautions :
incompatible avec les poissons sociables, agressifs et prédateurs

La recherche continue...

Paulette, regarde cet ordinateur. Avec Internet et CD-ROM, nous pouvons trouver d'autres animaux aquatiques pour notre aquarium.

le cheval de mer

nourriture : des invertébrés et de très petits poissons
personnalité : très timide et nerveux
précautions : incompatible avec les poissons sociables, agressifs ou prédateurs

le crabe

nourriture : du plancton
personnalité : sociable
précautions : incompatible avec les poissons prédateurs

la crevette de corail

nourriture : du plancton
personnalité : sociable
précautions : incompatible avec les poissons prédateurs et les poissons qui mangent des coraux

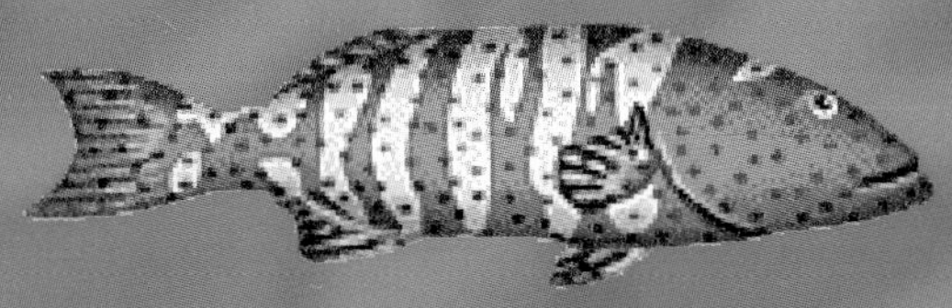

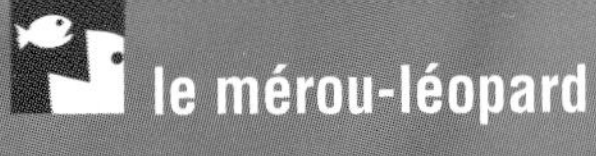

le mérou-léopard

nourriture : des invertébrés et des poissons
personnalité : très agressif
précautions : incompatible avec les poissons sociables et les poissons timides

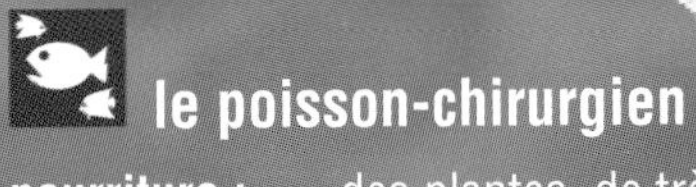

le poisson-chirurgien

nourriture : des plantes, de très petits poissons et des invertébrés
personnalité : assez sociable
précautions : incompatible avec les poissons timides et les poissons prédateurs

le poisson-demoiselle

nourriture : du plancton
personnalité : sociable, mais assez agressif
précautions : incompatible avec les poissons timides et les poissons prédateurs

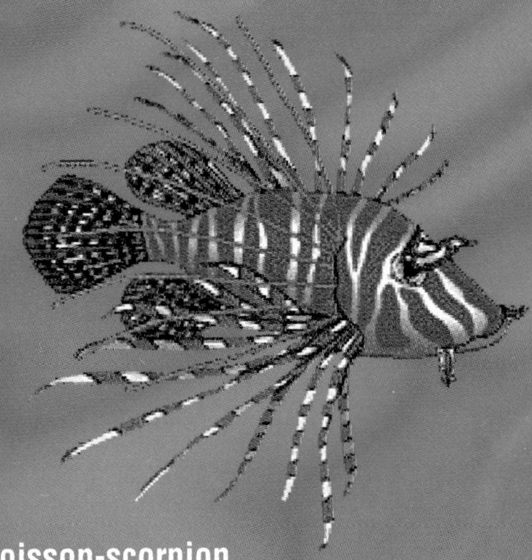

le poisson-scorpion

nourriture : des poissons et des invertébrés
personnalité : très agressif
précautions : incompatible avec les poissons sociables et les poissons timides

le zancle cornu

nourriture : des invertébrés et de très petits poissons
personnalité : très timide et nerveux
précautions : incompatible avec les poissons sociables, agressifs ou prédateurs; pas recommandé avec les poissons qui mangent des coraux

le zebrasoma

nourriture : des invertébrés et des plantes
personnalité : sociable
précautions : incompatible avec les poissons timides et les poissons prédateurs

La recherche, un travail de détective

1

Avant de faire de la recherche, il faut...

- Penser à ce que tu veux apprendre.
- Faire un plan.
- Faire une liste de questions (surtout si tu veux interviewer quelqu'un).

Mon plan

- aller à la bibliothèque (livres, encyclopédies)
- utiliser l'ordinateur (CD-ROM, Internet)
- téléphoner à l'aquarium
- regarder un film

2

Pour faire de la recherche, tu peux...

- Chercher dans les livres, magazines et journaux.
- Utiliser l'ordinateur (CD-ROM et Internet).
- Aller à la bibliothèque et utiliser toutes les ressources : livres, encyclopédies, dictionnaires, cartes, magazines, ordinateur, catalogues.
- Interviewer des spécialistes.
- Téléphoner à des organisations pour demander des brochures et d'autres informations.
- Regarder la télévision et les films.

Poissons tropicaux
Poissons tropicaux
Une forêt d'algues marines pousse-t-elle si vite que ça? Si tu pouvais rester sous l'eau quelques heures, tu la verrais se développer sous tes yeux!
Poissons tropicaux
Poissons tropica

3

Pour organiser ta recherche, il faut...

- Mettre tes notes dans le bon ordre.
- Choisir un format pour ton projet (présentation orale ou écrite, affiche, modèle, etc.).
- Préparer ton projet final.

Souvenirs de la Martinique

MARTINIQUE

Le cœur créole qui vous sourit

AQUASCOPE

LE CARNAVAL DES POISSONS

T POUR LE BRICOLAGE
ARTE ☎ 78 83 69
TELECARTES
TEXACO
TEXGAZ
EN VENTE ICI

Qu'est-ce que vous mettez dans votre aquarium?

Notre aquarium

Dans l'aquarium, il y a deux poissons-anges, deux poissons-clowns, un zebrasoma, trois poissons-demoiselles, un escargot, deux oursins, une crevette et trois anémones.

La crevette est entre les oursins. Les poissons-anges sont à gauche et les poissons-demoiselles sont à droite. Le zebrasoma est devant les poissons-demoiselles. L'escargot est sur le côté de l'aquarium. Les algues sont derrière les poissons.

Mon lexique

A

à to; at; in; ***à côté de*** beside; ***à droite*** on the right; ***à gauche*** on the left; ***à l'intérieur*** inside; ***à la prochaine*** until the next time; ***à table!*** dinner is ready!; ***à travers*** across
un ***acteur, une actrice*** actor
une ***affiche*** poster
une ***agence de voyages*** travel agency
un ***agent de police, une agente de police*** police officer
l' ***aide*** *f.* help, aid; ***à l'aide de*** with the help of
l' ***ail*** *m.* garlic; ***une gousse d'ail*** garlic clove
aimer to like, to love
ajouter to add
des ***algues*** *f.* seaweed
aller to go; ***allons!*** let's go!
alors so, then
une ***amande*** almond
un ***amateur, une amateure*** amateur
l' ***Amérique du Nord*** *f.* North America
un ***ami, une amie*** friend
amusant, amusante fun
amuser : s'amuser to have a good time
un ***an*** year; ***l'an prochain*** the next year
ancien, ancienne ancient
une ***ancre*** anchor
une ***anémone de mer*** sea anemone
un ***ange*** angel
une ***année*** year
août August
apporter to bring (along), to take (along)
l' ***aquarelle*** *f.* watercolour painting
aquatique aquatic
un ***archéologue, une archéologue*** archeologist
un ***architecte, une architecte*** architect
arrêter to stop; to arrest; ***arrêtez-le/la!*** arrest him/her!
l' ***arrivée*** *f.* arrival
arrosé, arrosée sprinkled
l' ***artisanat*** arts and crafts
un ***artiste, une artiste*** artist; ***artiste policier*** police artist
s'asseoir : asseyez-vous sit down
assez enough; rather
une ***assiette*** plate
un ***astronome, une astronome*** astronomer
un ***athlète, une athlète*** athlete
attendre to wait (for)
attentif, attentive attentive
aussi also
une ***auto*** car
autour de around, near
les ***autres*** (the) others
avant before
aventureux, aventureuse adventurous
un ***avion*** airplane
avoir to have; ***avoir faim*** to be hungry

B

le ***baliste*** triggerfish
un ***bâtiment*** building
le ***bagage*** luggage
un ***ballon*** ball
une ***barbe*** beard
beau (bel), beaux, belle, belles beautiful, handsome, nice
beaucoup (de) a lot; much; many
la ***beauté*** beauty
les ***beaux-arts*** *m.* fine arts
un ***bébé*** baby
un ***bec*** beak; ***bec sucré*** sweet tooth
un ***beignet*** lightly fried doughnut covered with powdered sugar
la ***Belgique*** Belgium
un ***béret*** beret
le ***beurre*** butter
une ***bibliothèque*** library
bien well; very; ***bien sûr*** of course
un ***bifteck*** steak
bilingue bilingual
un ***billet*** ticket
un ***biologiste, une biologiste*** biologist
blanc, blanche white
bleu, bleue blue
un ***bleuet*** blueberry
blond, blonde blond
boire to drink
une ***boisson*** drink, beverage; ***boisson gazeuse*** soft drink
bon, bonne good
un ***botaniste, une botaniste*** botanist
une ***botte*** boot

une ***bouche*** mouth
une ***bouchée*** bite; mouthful
bouillir to boil
le ***bricolage*** woodworking
bridé, bridée slanted
brun, brune brown

C

ça it; that; ***ça sent bon*** that smells good
une ***cabane*** cabin; ***cabane à sucre*** sugar shack
un ***café*** café; coffee
calme calm, quiet
un ***campeur, une campeuse*** camper
canadien, canadienne Canadian
le ***canotage*** canoeing
un ***canton*** township
captivant, captivante captivating
carré, carrée square
une ***carrière*** career
une ***carte*** map
une ***carte postale*** postcard
une ***casquette : casquette de baseball*** baseball cap
ce (cet), cette, ces this, that; these, those
une ***ceinture*** belt
cela this; that
célèbre famous
le ***centre-ville*** downtown
la ***céramique*** ceramics
c'est-à-dire that is to say
un ***château*** castle
chacun, chacune each; ***à chacun*** to each
chaleureux, chaleureuse warm
un ***champignon*** mushroom
un ***championnat*** championship
la ***chance : bonne chance*** good luck
un ***chandail*** sweater
changer : changer de forme to change form
une ***chanson*** song
le ***chant*** singing
un ***chanteur, une chanteuse*** singer
un ***chapeau*** hat; ***chapeau de paille*** straw hat
chaque each, every
une ***chaussette*** sock
une ***chaussure*** shoe; ***chaussures de sport*** running shoes
chercher to look for
un ***cheval (chevaux)*** horse; ***cheval de mer*** seahorse
les ***cheveux*** *m.* hair
chez with; in; at the home of
un ***chien*** dog
choisir to choose
un ***choix : au choix*** of your choice
choral, chorale choral
la ***chorégraphie*** choreography
une ***chose*** thing
chouette great, neat
chut! shh!
un ***cinéma*** movie theatre; movies
un ***citron*** lemon
un ***cochon*** pig
le ***cœur*** heart
un ***coffre*** trunk (of car)
un ***coin*** corner
une ***colonne : colonne vertébrale*** spine
coloré, colorée colourful, vivid
combien (de) how much
commander to order (food)
comme as; like
commencer to start, to begin
comment how; ***comment dit-on...?*** how do you say... ?
une ***communauté*** community
comprendre to understand
un ***conseiller, une conseillère*** advisor
un ***concombre*** cucumber
le ***conditionnement*** physical fitness
une ***conférence*** conference
connaître to know, to be acquainted with
coopératif, coopérative cooperative
un ***corail (coraux)*** coral
un ***corps*** body
une ***couleur : de quelle couleur*** what colour
couper to cut
une ***cour*** court; ***Cour suprême du Canada*** Supreme Court of Canada
un ***cours*** course
court, courte short
une ***couverture*** cover
une ***crêpe*** pancake
un ***crabe*** crab
une ***cravate*** tie
créatif, créative creative
créer to create
la ***crème*** cream; ***crème glacée à la vanille*** vanilla ice cream; ***crème caramel*** caramel custard
une ***crevette*** shrimp; ***crevettes à l'ail*** garlic shrimp; ***crevette de corail*** coral shrimp
un ***criminel, une criminelle*** criminal
crochu, crochue hooked
croire to believe
un ***crustacé*** shellfish, crustacean
une ***cuillère*** spoon; ***cuillère à soupe*** tablespoon
curieux, curieuse curious
le ***cyclisme*** cycling

D

d'accord sure, okay
une *dame* woman
dans in, inside, into
un *danseur, une danseuse* dancer
décidé : c'est décidé it's decided
le *décor* scenery, decor
décrire to describe
déguisé, déguisée disguised
délicieux, délicieuse delicious
demain tomorrow
demander to ask (for); *demander de l'aide* to ask for help; *se demander* to wonder
une *demi-heure* half an hour
une *dent* tooth
un *dentiste, une dentiste* dentist
un *dépanneur* variety store
dépêcher : se dépêcher to hurry (up)
derrière behind
désirer to wish, to want (to)
un *dessin* drawing; design
dessiner to draw; to sketch
devant in front of
difficile difficult
dire to say, to tell; *on dit* you say
discipliné, disciplinée disciplined
un *dommage* shame, pity; *c'est dommage* that's too bad
donc therefore
donner to give
dormir to sleep
doué, douée gifted

E

l' *eau f.* water; *eau minérale* mineral water
écolo ecological
un *écran* screen
une *écrevisse* crayfish
écrire to write
écrit, écrite written
un *écrivain, une écrivaine* writer
une *écurie* stable
un *effet* effect
un *élève, une élève* student
émincé, émincée minced
en in; *en tout cas* in any case; *en provenance de* from; *en route* on the way
encore still; yet; again; *encore une fois* once again; *pas encore* not yet
un *endroit* place, spot, location, site
un *enfant, une enfant* child
enfin finally, at last
ensemble together
ensuite then, next
un *entraîneur, une entraîneuse* coach, trainer
un *entrepreneur, une entrepreneure* entrepreneur
environ about, around, approximately
l' *environnement m.* environment
épicé, épicée spicy
l' *épinard m.* spinach
une *équipe* team
l' *équitation f.* horseback riding
un *érable à sucre* sugar maple tree
une *érablière* maple tree forest, sugar bush
l' *escalade f.* rock climbing
une *escalope : escalope de veau* veal scallop
un *escargot* snail
une *espèce* species
espérer to hope
essayer to try
essentiel, essentielle essential
un *état* state
l' *été m.* summer
une *étoile* star; *étoile de mer* starfish
être to be
étudier to study
exact, exacte exact
excusez-moi excuse me
un *exercice : exercices de survie* survival exercises
un *explorateur, une exploratrice* explorer

F

fabriquer to make; to manufacture, to produce
facile easy
une *façon* way
faible weak
faire to do, to make; *faire de la plongée* to go snorkelling; *faire de la publicité* to advertise; *faire des achats* to go shopping; *faire du sport* to do/play sports; *faire le clown* to play the clown; *faire le tour* to look around; to explore; *faire partie de* to be (a) part of; to be a member of
faites attention! pay attention!
fatigué, fatiguée tired
faut : il faut you must; it is necessary to
fermer to close
une *fête* feast; celebration
fêter to celebrate
un *feu* fire; *feu de camp* campfire
fier, fière proud

un ***filet : filet de sole*** sole fillet
la ***fin : fin de semaine*** weekend
finalement finally
flatté, flattée flattering
une ***fleur*** flower
une ***foire*** fair
une ***forme*** shape, form; ***en forme de*** in the shape of
formidable great, super, fantastic
un ***formulaire : formulaire d'inscription*** registration form
fort hard
un ***foulard*** scarf
une ***fourchette*** fork
frais, fraîche fresh
une ***fraise*** strawberry; ***fraises des bois*** wild strawberries
frisé, frisée curly
les ***frites*** *f.* French fries
le ***fromage*** cheese

G

gagner to win
un ***gant*** glove
un ***gardien, une gardienne*** guardian
un ***gâteau*** cake
les ***gens*** *m.* people
le ***goût*** taste; ***au goût*** to your taste; to your liking
goûter to taste
une ***gousse : gousse d'ail*** garlic clove
une ***graine : graine de sésame*** sesame seed
grand, grande big, large, tall
gris, grise grey
gros, grosse fat, big

H

habillé, habillée (en) dressed (in/as)
un ***habitant, une habitante*** inhabitant
habiter to live (in/at)
habitude : d'habitude usually
un ***haricot*** bean
une ***herbe : fines herbes*** mixed herbs
une ***heure*** hour; ***à quelle heure?*** what time?
heureux, heureuse happy
une ***histoire*** story
un ***homme*** man
un ***hôpital*** hospital
l' ***hôtel de ville*** *f.* city hall
l' ***huile*** *f.* oil; ***huile d'olive*** olive oil

I

ici here
idéal, idéale ideal
une ***idée*** idea
il y a there is; there are
une ***île*** island
imaginaire imaginary
un ***imperméable*** raincoat
important, importante important
un ***infirmier, une infirmière*** nurse
un ***ingénieur, une ingénieure*** engineer
une ***inscription*** enrolment, registration
un ***inspecteur, une inspectrice*** inspector
une ***installation*** facility
intéressant, intéressante interesting
intéresser to interest
une ***intrigue*** intrigue; plot
inventer to invent
un ***invertébré*** invertebrate

J

jamais never
le ***jambon*** ham
un ***jardin*** garden
une ***jardinière*** fruit and vegetable market
des ***jeans*** *m.* jeans
jeter to throw
un ***jeu*** game; ***jeu éducatif*** educational game
jeune young
un ***jeune, une jeune*** young person, teenager
la ***jeunesse*** youth
joli, jolie pretty, lovely
jouer : jouer du violon to play violin; ***jouer des mauvais tours*** to play evil tricks
un ***jour*** day; ***tous les jours*** every day
un ***journal*** newspaper
un ***journaliste, une journaliste*** journalist
une ***journée*** day
un ***juge, une juge*** judge
une ***jupe*** skirt
le ***jus : jus d'orange*** orange juice; ***jus de tomate*** tomato juice

L

là there; ***là-bas*** over there
un ***laboratoire*** laboratory
un ***lac*** lake
laisser to let
le ***lait*** milk

la *laitue* lettuce
la *langue* language
un *lapin* rabbit
lavé, lavée washed
laver to wash
la *lecture* reading
léger, légère light
un *légume* vegetable
lentement slowly
lequel, lesquels, laquelle, lesquelles which, what
une *librairie* bookstore
un *lieu* place
la *limonade* lemonade
un *local (des locaux)* premises
logique logical
long, longue long
longtemps (for) a long time
des *lunettes f.* (eye)glasses; *lunettes de soleil* sunglasses
un *lutin* elf, imp

M

un *magasin* store
maigre thin
un *maire, une mairesse* mayor
mais but
une *maison* house
malade sick; *les malades* people who are sick
un *manteau* coat
un *marché* market
une *marée* tide
marin, marine sea, marine
une *matière* subject
un *médecin, une médecin* doctor
meilleur, meilleure better
un *mélange* mixture
mélanger to mix; *en mélangeant* (while) mixing
même same; *même si* even if
le *mérou de Nassau* Nassau grouper (fish)
le *mérou-léopard* panther fish
messieurs gentlemen
un *mets* dish (food)
mettre to put (on); to place
mince thin
une *mise en scène* production
ml millilitre
moi me
mon, ma, mes my
le *monde* world; *tout le monde* everyone, everybody
un *moniteur, une monitrice* (camp) counsellor
une *montagne* mountain
monter to come up, to go up, to climb
montrer to show
un *morceau : en morceaux* in pieces
la *mousse : mousse au chocolat* chocolate mousse
la *moutarde* mustard
multicolore multicoloured
musical, musicale musical
un *musicien, une musicienne* musician
la *musique* music

N

nager to swim
la *natation* swimming
un *naturaliste, une naturaliste* naturalist, nature lover
nécessaire necessary; *il est nécessaire (de)* it is necessary (to)
la *neige* snow
un *nez* nose
un *niveau : niveau scolaire* grade
noir, noire black
une *noix* nut
nommer to name
le *nord* north
notre, nos our
la *nourriture* food

O

un *objectif* objective
obtenir to obtain; to get
une *occasion* chance
un *océanographe, une océanographe* oceanographer
un *œil (yeux)* eye (eyes)
officiel, officielle official
offrir to offer
un *oignon* onion
un *oiseau* bird
une *omelette : omelette au jambon* ham omelette
ondulé, ondulée wavy
onze eleven
oral, orale oral
un *ordinateur* computer
organisé, organisée organized
un *oursin* urchin
ouvert, ouverte open
ovale oval

P

le *pain* bread
un *panier* basket
un *pantalon* pants

une ***papeterie*** stationery store
par by; ***par là*** that way
parfait, parfaite perfect
participer (à) to participate (in)
une ***partie*** part
partir to leave; ***il est parti*** he has left
partout everywhere
un ***passager, une passagère*** passenger
passer to pass, to spend
passionnant, passionnante exciting, fascinating
patient, patiente patient
un ***patient, une patiente*** patient
un ***patineur, une patineuse*** skater
une ***pâtisserie*** pastry; bakery
un ***patron, une patronne*** boss
pauvre poor, unfortunate
payer to pay; ***le crime ne paie pas!*** crime doesn't pay!
la ***peinture : peinture à l'huile*** oil painting
pendant during
percer to pierce
petit, petite small; short; ***petit à petit*** little by little; ***petit ensemble*** small musical ensemble
un ***photographe, une photographe*** photographer
photographier to photograph
un ***pied*** foot
un ***pilote, une pilote*** pilot
une ***piscine*** swimming pool
une ***planche : planche à voile*** sailboard, windsurfer
le ***plancton*** plankton
planifier to plan
une ***plante*** plant
une ***plaque*** licence plate
un ***plat*** dish; ***plat du jour*** special of the day
plein : en plein air outdoors
la ***plongée*** diving; snorkelling
plus more; most; ***plus tard*** later
plutôt somewhat
pointu, pointue pointed
un ***pois*** pea
un ***poisson*** fish; ***poisson-ange*** angelfish; ***poisson-chirurgien*** surgeon fish; ***poisson-clown*** clownfish; ***poisson-demoiselle*** damselfish; ***poisson-écureuil*** squirrelfish; ***poisson-papillon*** butterfly fish; ***poisson-perroquet*** parrot fish; ***poisson-scorpion*** lionfish; ***poisson-trompette*** trumpet fish
le ***poivre*** pepper
un ***poivron : poivron rouge*** red pepper
poli, polie polite
une ***pomme*** apple
une ***pomme de terre*** potato; ***pomme de terre au four*** baked potato
un ***pompier, une pompière*** firefighter
le ***porc : rôti de porc*** roast pork
un ***porcelet*** piglet
porter to wear
poser to pose; ***poser des questions*** to ask questions
posséder to possess
un ***poste : poste de police*** police station
un ***poulet*** chicken; ***poulet rôti*** roast chicken
une ***poussette*** baby carriage
pouvoir to be able to; ***on peut*** you can; ***peux-tu*** can you; ***ils peuvent*** they can
une ***praline*** candy made with sugar and pecans
prêt, prête ready
pratiquer to practise; to play
précis, précise precise, exact
un ***prédateur*** predator
préféré, préférée favourite
premier, première first
prendre to take; to make; to have (food); ***prendre le petit déjeuner/le déjeuner/le dîner*** to have breakfast/lunch/dinner; ***prendre de bonnes décisions*** to make good decisions
un ***prénom*** first name
les ***préparatifs*** *m.* preparations
près (de) near (to); ***de plus près*** nearer, more closely
presque almost, nearly
prié, priée asked
principal : plat principal main dish
le ***printemps*** spring
probablement probably
prochain, prochaine next
un ***producteur, une productrice*** producer; ***producteur de cinéma*** film producer
produire to produce
un ***professeur, une professeure*** teacher
profond, profonde deep
un ***programmeur, une programmeuse*** programmer; ***programmeur d'ordinateur*** computer programmer
la ***proie*** prey
un ***projet*** project
propre own
protéger to protect
puis then; so; and
puisque since; seeing that
un ***pull-over*** sweater
un ***pyjama*** pyjamas

Q

une ***qualité*** quality
quand même even so, nevertheless
que veut dire...? what does... mean?

	québécois, québécoise of, from Quebec
	quel, quels, quelle, quelles which; what (a)
	quelqu'un someone, somebody
	quelque some; ***quelques*** some, a few
	quelque chose something
une	***queue*** tail
	qui who; whom
	quinze fifteen
	quoi what

R

un	***rabais*** discount; reduction
	raconter to tell; ***raconter des histoires*** to tell stories
	raide straight
une	***randonnée : randonnée pédestre*** hiking
une	***recette*** recipe
la	***recherche (recherches)*** research; ***faire des recherches*** to do research
un	***récif*** reef
	reconnu, reconnue recognized
	réduit, réduite reduced
	régulier, régulière regular
	rempli, remplie full
	rencontrer to meet
	rentrer to go home; ***rentrer dans*** to go into
	répandu, répandue widespread
un	***repas*** meal
	répéter to repeat
	répondre (à) to answer, to respond (to)
un	***reportage*** report
des	***ressources*** *f.* resources
	rester to stay; ***il nous reste...*** we have... left
	retard : être en retard to be late
	retenir to keep; to retain
	réussi, réussie successful; a success
un	***rêve*** dream
	revenir to come back, to come again
	rien nothing; ***de rien*** it's nothing; you're welcome
une	***rivière*** river
le	***riz*** rice
une	***robe*** dress
un	***rocher*** rock
un	***roman*** novel
	rond, ronde round
	rose pink
	rôti, rôtie roasted
	rouge red
	roux, rousse red(-haired)
une	***rue*** street

S

un	***sac*** bag; ***sac à main*** handbag; ***sac à dos*** backpack
une	***saison*** season
une	***salade*** salad; ***salade César*** Caesar salad; ***salade d'épinards*** spinach salad; ***salade maison*** house salad
un	***saladier*** salad bowl
	salé, salée salty, salted
une	***salle*** room; ***salle à manger*** dining room; ***salle de jeux*** games room; ***salle de théâtre*** theatre
	samedi Saturday
une	***sandale*** sandal
	sans without; ***sans doute*** without a doubt
un	***sapin*** fir tree
	sauté, sautée sauteed
	savoir to know
un	***seau à sève*** sap bucket
un	***séjour*** stay
le	***sel*** salt
une	***semaine*** week; ***deux jours par semaine*** two days a week
un	***sentier*** (foot)path
	septième seventh
	sérieux, sérieuse serious
un	***serveur, une serveuse*** waiter, waitress
	servi, servie served
	serviable willing to help, helpful
la	***sève*** sap
un	***short*** shorts
le	***sirop : sirop d'érable*** maple syrup
	situé, située situated, located
	sixième sixth
	soigner to look after
un	***solde*** sale
un	***son*** sound
	son, sa, ses his, her
un	***sorbet : sorbet à l'orange*** orange sherbet
un	***soulier*** shoe; ***souliers de tennis*** tennis shoes
une	***soupe*** soup; ***soupe à l'oignon*** onion soup; ***soupe aux champignons*** mushroom soup; ***soupe aux légumes*** vegetable soup
le	***souper*** dinner, supper
	sous under
	sous-marin underwater
	souvent often
	spécial, spéciale special
un	***spécialiste, une spécialiste*** specialist
une	***spécialité*** specialty
un	***spectateur, une spectatrice*** spectator
un	***sport*** sport; ***sport nautique*** water sport; ***sport d'équipe*** team sport

	sportif, sportive athletic
un	***squelette*** skeleton
un	***submersible*** submarine
le	***sucre*** sugar
le	***sud*** south
la	***Suisse*** Switzerland
	suivant, suivante following, next
un	***sujet*** subject
	sur on; about
	surtout especially
un	***suspect, une suspecte*** suspect
une	***syllabe*** syllable
	sympa nice, kind

T

un	***talon*** heel; ***talons hauts*** high heels
	tant so many, so much
une	***tante*** aunt
	tard : plus tard later
une	***tarte*** pie, tart; ***tarte aux pommes*** apple pie; ***tarte au citron*** lemon tart
une	***tasse*** cup
la	***technologie*** technology
un	***témoin*** witness
le	***temps*** time
un	***tentacule*** tentacle
	terminer to end, to finish; ***se terminer*** to end
un	***terrain : terrain de jeu*** playing field
le	***thé*** tea
un	***théâtre*** theatre
un	***timbre*** stamp
le	***tir : tir à l'arc*** archery
la	***tire*** maple taffy
	toi you
	tolérer to tolerate
une	***tourtière*** meat pie
	tout, tous, toute, toutes all; every
le	***tout*** the whole thing
	tout de suite immediately
	tout le monde everybody, everyone
le	***travail*** work; ***au travail!*** to work!
	travailler to work
un	***tronc*** trunk
un	***trou*** hole
	trouver to find

U

	un peu de a little of
	utile useful
	utiliser to use

V

les	***vacances*** *f.* vacation
une	***vache*** cow
	végétarien, végétarienne vegetarian
	vendredi Friday
	venger : se venger de to take revenge
	venimeux, venimeuse venomous
le	***venin*** venom
	venir to come; ***venez*** come
	verser to pour
	verso : au verso on the back
	vert, verte green
une	***veste*** sports jacket
un	***vêtement*** article of clothing
un	***vétérinaire, une vétérinaire*** veterinarian
la	***vie*** life
	vieux (vieil), vieille, vieilles old
une	***vinaigrette*** salad dressing
	vingt twenty
	violet, violette purple
un	***visage*** face
	vivre to live
	voilà there is, there are
la	***voile*** sailing
	voir to see; see; ***voyons*** let's see
une	***voiture*** car
un	***vol*** flight
un	***volcan*** volcano
un	***voleur, une voleuse*** robber, thief; ***au voleur!*** stop, thief!
	votre, vos your
	vouloir to want (to); ***voulez-vous*** do you want; ***tu veux*** you wish, you want
	voyager to travel
	vrai, vraie real
	vraiment really

Z

un	***zancle cornu*** Moorish Idol (fish)
un	***zebrasoma*** Yellow Tang (fish)

Remerciements

Illustrations

pp. 28-31, 34-35, 37-39, 42-43 : Steve Attoe; *pp. 14-15, 26-27 bkgd, 48-49, 108-109 bkgd :* Graham Bardell; *pp. 86-87, 90-91 bottom :* David Bathurst; *pp. 40-41 :* Peter Cook; *pp. 114-115 :* Roy Condy; *pp. 118-119 :* Vicky Elsom; *pp. 10, 13, 17, 20, 57 top right :* Kevin Ghiglione; *pp. 72-73 :* Stephen Harris; *pp. 10 top left, 13 top left, 17 top left, 20 top left, 36 bottom right, 40 bottom right, 52-53 bottom, 55 top, 56-57 bottom, 58 bottom, 67 bottom right, 73 bottom right, 77 bottom, 79 bottom right, 83 bottom right, 88, 92, 93-95 bottom right, 109 bottom right :* Kim LaFave; *pp. 52-53, 55, 108 (submarine) :* Steve MacEachern; *pp. 90-91 top, 100-101 :* Jack McMaster; *pp. 21 centre right, 60-61, 69 bottom right, 112-113 :* Jun Park; *pp. 76-79 :* Leif Peng; *pp. 46-47 :* Clarence Porter; *pp. 74 top, 103 map :* Pronk&Associates; *pp. 84-85 :* Scot Ritchie; *pp. 62-63, 66-67 :* Teco Rodrigues

Photographie

p. 26 : David Michael Allen; *pp. 48, 54, 60-61, 68-69, 80-81, 98 right, 100 left, 102 bottom, 104-105, 106 top, 108 faces, 109, 112 top :* Ian Crysler; *pp. 6-13, 14 top left, 15 bottom right, 16-17, 18 left, 19 right, 20-21, 22 left, 23-24, 25 top right, 32-33, 36 :* Greg Holman; *pp. 11 top, 25 top left, 50 top left, 106 bottom, 119 top :* Joe Lepiano; *p. 59 bottom :* Pronk&Associates; *pp. 64-65, 70 left, 71, 82-83 bkgd, 89, 93-97 bkgd, 98 left, 99 bottom, 114-115 bkgd, 116-117 bkgd, 118-119 :* Dave Starrett

Photos

p. 6 : Jim Stuart/Tony Stone Images; *p. 7 :* a) Stéphane Lemire b) Luc Antoine Couturier c) Stéphane Lemire d) Jocelyn Boutin; *p. 8 :* Jocelyn Boutin; *p. 22 :* a) Superstock, Inc. b) Jessie Parker/First Light c) Stephan Poulin/Superstock, Inc.; *p. 23 :* a) Barb & Ron Kroll b) Winston Fraser c) Jessie Parker/First Light d) Winston Fraser; *p. 25 :* a) Barb & Ron Kroll b) Lyne Fortin; *pp. 44, 45 :* B. Annebicque/Sygma-Publiphoto; *p. 50 :* a) Lonnie Duka/Tony Stone Worldwide b) Joe Cornish/Tony Stone Worldwide; *p. 51 :* a) Stephen Derr/Image Bank b) Romilly Lockyer/Image Bank; *p. 56 :* Stephan Potopnyk/The Photographic Edge; *p. 57 :* Yves Beaulieu; *p. 58 :* Mike Dobel/Masterfile; *p. 59 :* Mike Pinder; *pp. 70, 71 :* a) Oliver Benn/Tony Stone Worldwide b) Bullaty Lomeo c) B. Annebicque/Sygma-Publiphoto d) Barb & Ron Kroll e) Richard Passmore/Tony Stone; *pp. 74, 75 :* a) David R. Frazier Photolibrary b) D. Donne Bryant/DDB Stock c) Kevin Vandivier/Viesti Associates, Inc. d) D. Donne Bryant/DDB Stock e) Barb & Ron Kroll f) David R. Frazier Photolibrary g) David Fitzgerald/Tony Stone Worldwide; *pp. 82, 83 :* a) Jade Albert/Masterfile-FPG International b) Comstock c) Arthur Tilley/Masterfile-FPG International d) Comstock e) Camp Awakening f) Zigy Kaluzny/Tony Stone g) J. Lyle/The Stock Library h) John Foster/Masterfile i) Volker Kraemer/The Image Bank; *p. 93 :* a) Bryan F. Peterson/Masterfile b) Comstock c) Comstock d) Michael Hart/Masterfile-FPG International; *p. 94 :* a) C. Seghers/Comstock-H. Armstrong Roberts, Inc. b) Lori Adamski Peek/Tony Stone c) Comstock; *p. 95 :* a) Superstock, Inc. b) Comstock; *pp. 96, 97 :* a) Richard Passmore/Tony Stone Worldwide b) J-C Carton/Bruce Coleman Inc. c) Jeremy Hartley/Panos Pictures d) Mike Yamashita e) Susan Kaye f) Victor Last g) Jack Olson h) E.R. Degginger/Bruce Coleman Inc.; *p. 99 :* a) Arthur Tilley/Masterfile-FPG International b) Roy Morsch/First Light c) Comstock d) Comstock; *pp. 102, 103 :* a) Robert Fried b) Dave G. Houser; *pp. 104, 105 :* a) Schwart/The Image Bank b) Robert Rattner c) Robert Rattner d) Robert Rattner e) Fernando Bueno/The Image Bank f) Robert Rattner g) Robert Rattner h) Norbert Wu/Tony Stone; *pp. 106, 107 :* a) David Rickerd/The Image Bank b) Rocha Filho/The Image Bank c) Robert Fried d) Stephen Frink/Tony Stone; *pp. 110, 111 :* a) Robert Fried b) Robert Rattner c) Robert Rattner d) Robert Rattner e) Stuart Westmorland/Tony Stone f) Jeff Hunter/The Image Bank g) Robert Rattner h) Jeff Hunter/The Image Bank i) Norbert Wu/Tony Stone j) Robert Rattner; *pp. 116, 117 :* a) Robert Fried b) Allan A. Philiba c) Robert Fried d) Dave. G. Houser e) Office du tourisme de la Martinique f) Robert Fried

Les éditeurs tiennent à remercier toutes personnes qui se sont prêtées à nos séances de photo.